尼采的哲学

[德]尼采·原著
庄立·编译

时事出版社
·北京·

图书在版编目（CIP）数据

尼采的哲学 /（德）尼采著；庄立编译 .—北京：时事出版社，2020.2（2024.8 重印）

ISBN 978-7-5195-0328-4

Ⅰ . ① 尼…　Ⅱ . ①尼…　②庄…　Ⅲ . ①尼采（Nietzsche，Friedrich Wilhelm 1844~1900）– 哲学思想　Ⅳ . ① B516.47

中国国家版本馆 CIP 数据核字（2019）第 152749 号

出 版 发 行：时事出版社
地　　　址：北京市海淀区彰化路 138 号西荣阁 B 座 G2 层
邮　　　编：100097
发 行 热 线：（010）88869831　88869832
传　　　真：（010）88869875
电 子 邮 箱：shishichubanshe@sina.com
印　　　刷：河北省三河市天润建兴印务有限公司

开本：880 × 1230　1/32　印张：9　字数：265 千字
2020 年 2 月第 1 版　2024 年 8 月第 4 次印刷
定价：56.00 元

前言

弗里德里希·尼采（Friedrich Nietzsche，1844~1900）是著名的西方哲学家之一。1872 年，尼采发表了他的第一部专著《悲剧的诞生》。这部哲学作品充满了浪漫主义色彩，伟大的想象力以及反潮流的气息。也正是这部哲学著作奠定了他一生的主要哲学思想基础。尼采哲学的主题是不断追问生命的意义，而他对这个问题的答案是，要靠艺术拯救人生，赋予生命一种审美的意义。

对尼采来说，哲学思索是生活，生活就是哲学思索。他创立并展示了自己独一无二的哲学思想。他的哲学无须推理论证，没有体系框架，而是他的心灵对人生痛苦与欢乐的直接感悟。在他的第一部学术著作《悲剧的诞生》中就指出，尽管物质财富日益增多，人们却并没有得到真正的自由和幸福。僵死的机械模式压抑人的个性，使人们失去自由思想的激情和创造文化的冲动。现代文化显得如此颓废，这是现代文明的病症，其根源是生命本能的萎缩。尼采提出，要医治现代疾病，必须恢复人的生命本能并赋予它一个新的灵魂，及对人生意义做出新的解释。他从叔本华那里受到启示，也认为世界的本体是生命意志。

作为对理性的挑战，尼采提出了强力意志说。强力意志说的核心是肯定生命、肯定人生。强力意志不是世俗的权势，它是一种本能的、自发的、非理性的力量。它决定生命的本质和人生的意义。尼采认为，人类与自然的生命一样，都有强弱之分，强者总是少数，弱者是多数。历史与文化是少数强者创造的，他们理所当然地统治弱者。

尼采的哲学思想最为重要的一点是指出了哲学的使命就是要关注人生，探讨生命的意义，给生命和生命的意义一种解释。同时，尼采认为哲学是非政治的，哲学和政治是两码事。所以尼采对哲学有三点看法：第一是关注人生和生命的意义；第二是非政治的；第三是非学术的。

尼采的哲学思想传入中国至今已百年有余，曾多次掀起“尼采热”，影响广泛深远且经久不衰。尼采影响了20世纪欧美众多重要的哲学家、思想家，其哲学思想几经传播，进而影响了中国思想界。当然，最主要的是中国的文化背景、人文环境、思维方式、具体的历史语境等，都对尼采的哲学思想在中国的广泛传播创造了条件和基础。

尼采与西方传统哲学思想家不同的地方在于，他挑战了形而上学的思维方式，认为形而上学的局限性归根结底是人的局限性，通过引起人们对文化问题的关注，从而掩盖了人自己的局限性，将弱点美化为优点。尼采对人的局限性的思考，可以为处于东西方文化碰撞中的当代中国思想界提供有益的借鉴。

尼采的哲学思想总是能以最智慧的方式一语道破这个世界和人生的奥秘；字字珠玑，总有一些话让人醍醐灌顶，对生命意义的追问和认识的困惑豁然开朗，复杂混沌的事物变得简单清晰，怯懦犹豫变成果断坚定——了解自己的内心，发掘强力意志从来都是这样！

本书是从尼采著作中节选一些经典段落译成的，节选的标准是从内容上表达了尼采的经典思想或精彩见解，文体上反映了尼采的风格和个性，同时照顾到可读性。全书共 13 章，从各方面探讨了世界、人生与心灵的基本问题。翻开本书，可直抵心灵的终极秘密！如果你热爱哲学但又对它的深刻晦涩望洋兴叹，那么这本书将会颠覆你对哲学的偏见。阅读它，你会感到智慧的涌思跃动，其乐无穷。

目录

Part -❶

了解自己的内心，发掘强大意志

Part - ❷

看破表象，做一个快乐、强大的人

Part - ❸

锤炼心智，参透生死的迷障

Part - ❹
明白道德谱系，做一个超脱的人

Part -5

洞悉人性，不为人性迷障所困

Part - ❻

自由的精神，活出独立的人格

Part -❼

自我批判是解除心灵枷锁的唯一方式

Part -❽

正确、舒适的交友之道

Part - ⑨

在学习中感知心灵充实的愉悦

Part - ⑩

用艺术的激情追求疯狂的意志

Part - ⓬

美就是内心的强大

Part - ⑬

让幸福闪光——曙光的升起

Part - ❶

了解自己的内心，发掘强大意志

在尼采的哲学中，你处处都能感受到自己的力量，你会循着他的语言发现自我内在的强大意志——这是一股非同寻常的强大力量。强力意志就是生命意志，但是它追求的不是生命自身的意志，而是使生命得以超越自身的潜在力量，正是这种对于意志的渴望，表现出生命永不停息的超越本性。

001 热爱自己才能创造可能

不要轻易否定自己，接纳自己，热爱自己，无论是毫无经验还是一事无成，都应该把自己当作一个堂堂正正的人来看待。

只有作为人的前提下，才能不做恶，不做那些卑鄙的勾当。

尝试调整自己的生活方式，能够让你更加接近自己的理想，甚至成为别人羡慕的目标。

首先要接纳自己，热爱自己，不断开拓生命的广度，并且为自己提供将之实现的能量，才能活出有价值的人生。

——《权力意志》

002 你是不一样的烟火

所有人都在乎别人的评价，并且都希望这些评价是正面的、伟大的、不被轻视的。然而这种在乎对个人来讲却是完全弊大于利的。

最重要的原因是他人的评价往往不准确，你得不到正确的评价。所以，轻视名声口碑，不要过于关心他人的想法。否则，你的生活就会制约在“老师”“部长”“社长”这样虚无飘渺的名声里——尽管那可能会给你带来快感和安心，但你已经成为了众矢之的。

——《人性的，太人性的》

003 在疲劳时进行反省是郁闷设下的陷阱

不要在刚刚结束一天工作的时候反省，疲惫的状态下会导致你产生消极情绪，这种情绪使你只是注意到一天的不足之处，因而变得更加低落，并且为自己错误感到愤怒，甚至牵连他人。这显然不会产生有益的结果。

问题的根本不在于你这一天犯了什么错误，也不在于你反省的行为有什么问题，只是因为选错了时间，在疲劳的时候反省难免会带来负面效应，所以疲劳的时候不要反省，也不要用日记记录下来。

如果一件事让你获得快感，你是不会反省的，因为这时候你一定思维活跃，全身心地投入其中。当你开始埋怨自己、憎恶他人的时候，这是提醒你该休息了。

——《曙光》

004　睡觉是最好的放松

当你感觉疲惫、进而对自我及周围的一切都充满厌恶的时候，应该用什么样的方式缓解自己的情绪呢？

是赌一把，信仰宗教，是找心理医生做治疗，补充维生素，或是去旅行，还是喝个烂醉？

不，完全不必如此劳神费力。吃顿美食，好好睡一觉，就足够了。

一觉醒来，你将重新充满力量，整个世界也变得更加亲切了。

——《漂泊者及其影子》

005　选择什么就会成为什么

所谓自我表现就是展示自己的力量。

有三种方式：

奉献；

不屑；

毁灭。

奉献、热爱、尊敬，还是嘲笑、破坏、贬低？你愿意挑选哪种方式来展现自己的力量呢？

——《曙光》

006 认识你自己

每个人都有专属的特质。

成功的人往往了解自己的特质并加以利用，然而另一部分人却从未知晓自己的优势所在。

在这个寻找的过程中，有些人全凭个人进行摸索，而有些人则比较擅长通过别人的反应来做判断。

使用哪种方式都无妨，关键是坚持不懈，这样才能发现个人的优势所在。

——《人性的，太人性的》

007 学会自制，做自己行为的主人

不要以为自制不过是手到擒来的把戏，自制不是嘴上说说，而是需要用实际行动来和自己做斗争。

从小事做起，从今天做起，开始学习克制自己。如果这让你感觉困难，说明你没有足够的自制能力，更不要想做出什么大事了。

所谓的自制，就是要与心中的欲望做斗争，学会自制，做自己行为的主人。

——《漂泊者及其影子》

008 多问自己“为什么”

别人的方法可以借鉴，却不可能完全模仿，因为每个人都有自己独立的生存法则。这个道理很简单，只需翻阅那些长篇累牍的方法论和成百上千本的名人传记，再和自己的经历做对比就明白了。

你必须明白自己的需求，了解自己想成为什么样的人，你的个人特质是什么，你需要做哪些努力等等，如果你从没有想过这些问题，显然也不可能得到答案。

当你搞清楚动机，知道“为什么出发”，接下来该怎么做就很清晰了，找到属于你自己的人生之路，只需迈开双脚，完全不必在效仿他人这件事上浪费时间。

——《偶像的黄昏》

009 为自己的每个行为负责，即使是再微小的细节

行为必然会产生影响，这种影响可能是导致其他行为、思想的诱因，也可能是间接的。

你的现在和你过去的行为有关，也和一些听起来很遥远的、过去的人们的行为有关，而你现在的行为将会影响到你今后的生活甚至他人的生活。

世界就处在这样永恒的变化中，所有人的所有行为，无论多

么微小，都会被记录下来，因而用这种方式，我们获得了永生。

——《人性的，太人性的》

010 诚以待己

要对自己保持绝对的诚实，不要自欺欺人，对自己是个什么样的人，喜欢什么，想要什么，会做出怎样的反应要有清楚的认识。

只有诚以待己才能感知他人，去爱人、去被爱。一个人连诚以待己都做不到，又何以待人？又谈何爱与被爱呢？

——《曙光》

011 生命不息，进步不止

曾经的坚持却发现是个笑话，曾经自认为的真相竟然是个谬误。

这并非说明曾经的你有多么的肤浅、无知，而是这样的想法对于当时的你是一个必经之路，它们就是真相，它们理应被坚持。

因为人总是在不断地学习和进步，然后朝一个个新的人生阶段迈进。

阶段性的个人理解对你来说并没有错，但是认知也有保鲜期，一旦过期了就不再被需要。所以，生命不息，学习不止。只有不断地审视自我，虚心听取他人的建议，才能让自己保持新鲜的认知。

——《快乐的知识》

012 少说多做

总是把自己值得信赖这样的口号挂在嘴边的人反而失去了别人更多的信赖，因为这样的人通常是对自己过度信任的自恋狂，以为自己值得全部人相信，但清醒的人都知道信赖这种东西是多么不堪一击！

闭上你喋喋不休的嘴，去行动吧！这才是为你赢得信赖的捷径。

——《漂泊者及其影子》

013 人常常被“解释”所牵绊，从而失去思考的本质

什么事情都应该被理解。

每件事的性质都不是绝对的，关键是你通过什么样的方式，从什么样的角度来理解。

当你开始去解释一件事，很可能是在为自己找借口，拼命地为自己找个说辞来原谅自己或者他人。

这句话的含义就是：借口以及借口所附带的托辞实际上限制了你，然而人们总是需要找一些借口才能继续生存下去，这真是让人进退维谷的境地呀！

——《玩笑、欺骗与复仇》

014 认识自我的指南

如果你下定决心想要认识自己，那就摸着自己的良心回答下面几个问题。

什么才是你的挚爱？什么使你感到满足、内心变得充盈、灵魂得到升华？什么才是真正能吸引你的东西？

这就是为你探寻自我之路铺设的指南，尝试去回答就能发现真正的你。

——《作为教育家的叔本华》

015 助人为乐才能享受最纯粹的快乐

不能帮助他人是一件让人觉得苦恼的事，比如那些郁郁寡欢的老人们；年轻人也同样会烦闷，因为他们还不足以为他人、为这个社会造福。

你想得到永恒的快乐，帮助他人绝对是一条捷径，既能让你发掘存在的意义，又能享受到真诚的快感。

——《人性的，太人性的》

016 学会倾听

自我表现欲是人类的共性，每个人都希望自己成为众人的焦点，全世界都是观众，人类的这种特点在舞会或者派对上表现得尤为突出。

使自己令人瞩目的方法有很多，在舞会上你经常能看到健谈的演讲家、奇装异服的行为艺术家、侃侃而谈的交友家，还有那些刻意表现出冷漠的人们。然而，这些其实都是歧途，他们满心欢喜地以为自己成为了全世界的主角，别人都是看客，但是每个人都渴望被关注，于是所有人都在上演沉浸于自我却无人欣赏的戏码，最终只能是自娱自乐。

人类的历史大抵相似，有人孜孜不倦地采用各种方式来引人注目——权力、学术，甚至不惜用降低身份的可怜来博得同情。但他们都无一例外地失败了，因为没有哪个人希望做别人的观众。

——《人性的，太人性的》

017 人生苦短，时间只允许我们专注于一两件事

对于周围事情都兴致勃勃看似是一种积极的人生态度，但这反而可能让你成为一无是处的人。还有一些人关注各种事物的动机其实是为了填补自己精神的空虚。

保持好奇心固然重要，它是引发你的潜能，激发你的能力的

重要捻子，但是人生没有足够的时间让你体验所有的一切。脚踏实地地工作，看清楚自己要前进的方向并且不懈地钻研才能让你成为既贤明又充实的人。

——《漂泊者及其影子》

018 面对自己，克服恐惧

世间之恶的四分之三，皆出自于恐惧。

恐惧让你为经历的事感到苦恼，为未曾经历的事感到害怕。

但是恐惧并不是洪水猛兽，它扎根、深藏于你的内心之中。要不要拔去这根毒刺的决定权在你——因为心是你自己的。

——《曙光》

019 不要“为了……”做而做任何事，包括好事

再大的好事，有了动机都变成不纯粹的卑贱自私的事。

失败的时候你就会想起这件事是为了谁，为了什么事而做，以此来推卸责任，减轻自己的罪恶。成功的时候就觉得不关谁的事，为自己大唱赞歌，认定一切都是自己的功劳。但这一切终究是为了自己，是纯粹、主动地去做事，不要给自己找那些“为了……”之类的借口。

——《查拉图斯特拉如是说》

020　不积跬步，无以至千里

保持向前走的姿态，永远不是浪费。

有时候暂时看不到立竿见影的效果也不要盲目地怀疑自己，每一天你都离目标更近一些。

终点看似遥遥无期，但就在你一点一滴的前行中积攒下的动力，才能逐步靠近自己的梦想。

——《漂泊者及其影子》

021　先爱自己才能被爱

如果你出现了以下的情况：想和尽可能多的人维持友谊，迫切地想和刚认识的人成为朋友，只剩一个人的时候就觉得不安心，这说明你正处于一种危险的状态。

想想看，你的行为都是希望在别人的身上获得更多的安全感，想要从别人的身上索取关于真正的自我的答案，这说明你内心深处的孤独感和对自己的不信任归根到底是因为你不爱自己，你不愿意与自己为伍。交更多的朋友真的能够减轻你的不安全感吗？狂欢是一群人的寂寞，再多的“速食朋友”也不可能真正地缓解你内心的孤独，所以你要努力爱自己才行。

这件事必须要靠自己的努力，埋头在自己热爱的事情之中，依靠个人的力量全力打拼，向自己的目标前进，这样心脏才会成为你全身最强健的肌肉。

——《查拉图斯特拉如是说》

022　描绘自己的蓝图

你看过许多美景，你的脚步踏遍各个国度，究竟要选择在何处落脚呢？

其实选择都市还是荒野并不最重要，重要的是选择一个安稳又强劲的地方，以此为立足之地，开启属于自己的一片天地。

——《曙光》

023　你最大的财富是自己

当人们面对同样的事物时，有的人只能从中收获一两样东西，而有的人却可以收获更多。人们通常把这样的差距归结于能力的不同。然而，人们的收获并不是来自事物中，而是来自自身。

是你，在事物的触动下，从自身汲取了相应的东西。因此，你不必费心寻找内涵丰富的事物，而是需要充实你自己。这才是提高自己能力的最好方法，也是人生过得更加充实的秘诀。

——《快乐的知识》

Part - ❷

看破表象，做一个快乐、强大的人

“上帝死了”是尼采在他的时代发出的一个强音，它的意义不只是一种“破坏”，而是告诉我们要看破一切事物的表象，尤其要看破蒙在自己心上的那层迷雾，只有打碎一切、重估一切，你才能建立起一个独立、客观的内心。唯有如此，你才可能成为一个快乐、强大的人。

024 自我保存的天性

在我看来，无论是以善还是恶的观点，所有人都有一个共同的特征——总是刻意、甚至尽力地想把自我保存下来。

这种特征并不是源起于对同类热忱的爱，而是一种最为根深蒂固、冷酷无情、不可征服的本能，这就是我们人类的深刻本质。

传统的价值观常常简单地将人划分为好的或者坏的，善的或者恶的。但稍微做些观察或者是花些时间思考后，就会发现这样的界定并不合适。

哪怕是人们通常认为最十恶不赦的人，也会想要去关心保护人类（包括最榜样的人物），因为他自身就是人类中的一员。

——《尼采文集》

025　追求真理是不断探寻的过程

憎恨是众多罪恶的根源，比如灾害、贪婪、野心——这也是人类所保存下来的“精华”，这是很愚昧的“精华”，但它也是人类得以生存至今的实实在在的证据。

亲爱的读者，我们无法预测是否能有机会亲历那危害人类，甚至使上帝都束手无策的糟糕处境。经历一场灾难，这能满足你最好或最坏的欲望，不管经历了什么样的灾难都可能让你成为人类某一方面的佼佼者，人们可能赞扬也可能嘲笑你（但其实很难找到一个真正有资格嘲弄你的人）。但是早晚有一天他们会恍然大悟，找回失去的良知，哭泣自己的不幸，忏悔自己的羞耻，重回真理的怀抱。

——《尼采文集》

026　理性地热爱生命

这些道德与宗教的创立者、努力追求道德价值的鼓吹者和唤醒良知的导师们的新风貌究竟暗示着什么？他们一直是那一方面的英雄，虽然也看到其他方面，但是由于太过关心自己这一面，以致这些英雄对于那一面就好像是一种活动的布景或一台机器，扮演着密友及心腹的角色，随时为那一面做好服务的准备（例如，诗人通常是某些道德或其他什么的仆从）。很明显，这些悲剧性的人物也会为人类的利益而工作，虽然他们自命是在为上帝的利益而工作，仿佛是上帝的使者似的。他们也会促进人类的生命，同时助长生命中的信仰。“活着是值得的，”他们都如此喊道，“生命中有着十分重要的东西，它们被深深地隐藏着，对这些重要的东西要小心啊！”这些鼓吹的话同样支配着最高贵的人和最卑贱的人，这种一直激发着理性与热情的精神，保存了人类。这些动机既造成了如此辉煌的成就，又力图用它所有的力量使我们完全忘掉那仅仅是一个刺激、本能、愚昧和无根据的行为。

生命是应该被热爱的，为了……！人应该有益于自己和别人，为了……！所有这些“应该”和“为了”暗示了一切，甚至将来！由于那些都是必然而没有经过构想，不自觉地发生的行为，所以应使其成为有构想而且是经过理性的最后支配——为了达到这个目的，伦理学家便自告奋勇地在生存中做策划的导师，为此，他还发明了另一个不同的存在。这样，新的机械便将旧的普通“存在”调离了旧的普通枢纽。

——《尼采文集》

027　别让伦理限制你的思维

伦理学家们不希望我们嘲笑自己或他人。人类不是完整的“整数”，也不是“零”，它是由无数个无限的个体组成的。不管这些伦理学家们的发明是多么愚昧、偏执并且对自然法则有着严重的误解——伦理制度毫无疑问是与自然法则相对立的，甚至会毁灭人类——但是他们仍然会不分时间、场合地走到台前，宣布自己的新发现，并发出让人骇然的笑声。

每个人都会认为人生充满价值，活着充满意义，要有努力生活下去的热情。对那些伦理学家们来说，“笑声”、理性和自然还是处于上风的。那些暂时的自然法则变成了永恒的束缚和限制，那些笑声推波助澜地成为人类本性被伦理学家改变的帮手——是那些导师所重视的必要条件，这样才能使人的本性呈现一个新风貌。

人们开始花费更多时间用在空想上，比其他动物多出的思维功能要求人们必须慎重思考自己生存的意义。这些周期性的思考给生命带来了信心和决策，所以人类才能生生不息地繁衍下去。人们常讲“要对一些事物抱有敬畏之心”。那些富有洞察力的博爱者们也赞许地认为：“无论是欢愉还是悲伤的智慧，都会用不可明确的方式来保护人类。”

——《尼采文集》

028　喜悦吧！欢乐吧！

让自己变得更加开心，哪怕是为一些微不足道的小事。因为积极的情绪会让你的头脑更加清醒，还能改善生理状态。

不要害羞，不要忍受，也不要刻意矜持，开怀地笑，像个孩子般地痛快地笑。

开心的时候你就会忘记一些无聊的琐事，对别人的厌恶憎恨也不那么耿耿于怀，而且喜悦还能感染到周围更多的人。

欢乐吧！处处欢歌笑语。

喜悦吧！人生处处都是希望。

——《查拉图斯特拉如是说》

029 良知的匮乏

尽管经过了若干次的个人经验证实，我还是满怀希望地看到了新的转机，然而不得不承认的事实是，对于大多数人来说，知性的良知是缺失的。这个结论足够可信，即便是在热闹非凡的场合，个人还是常会像困在沙漠中一样孤独。

每个人以个人的成见以及观察到的他人的过失而鲁莽下结论，被评论之人的分辩并不会对他们产生影响，诸如让他们羞愧或者愤怒。事后，这种不负责任的结论也不会给他们带来任何困扰，这实在是鄙俗又让人不齿的行为——即便是那些既高贵又聪慧的男女也不例外。

——《尼采文集》

030 不要迷信别人，也不要迷惑别人

在我看来，善良、优雅和天赋又算得了什么？如果一个人的这些美德在信仰和判断中出现了丝毫的缺失，他在面对内心深处的渴望和需求时不能够保持那份真实，那么就可以对他的美德水平立判高下。

我在某些非常虔诚的人中，发现了令我嫌弃的东西，因此我对他们表示厌恶。即使我不这样做，他们败坏的良知也必然会

背叛他们自身的虔诚！但是身处千篇一律的言论和所有不可思议的、并非显而易见的不确定之中，却不去追问，不因欲望而不安，还欣然接受问题而不鄙视提出问题的人——这就是我所不齿的鄙俗，也是我在每个人身上首先要找的。有些愚人一再地想要说服我：只要是人，都会有这种感觉。

——《尼采文集》

031 卑贱者总得苟安

卑贱的人对高贵的、包容的情操总显得不屑一顾，在他们看来，高等、上流与不可信是相互对等的。如果向他们表达出这样的见解，他们就会立刻赞同地表示："是啊，一个人不能看穿所有的墙还是有好处的。"

这是一种对高贵者的嫉妒，经过一些诡秘的途径使他们自以为得到了些许利益。在这些卑贱的灵魂看来，他们自身没有自私的意图，也没有贪得任何利益，高贵的人成为他们取乐的幌子，他们嘲笑高贵者的快乐，轻蔑高贵者眼中闪烁的光芒。"一个人怎么可能在不利的地位取得乐趣？况且一个明明白白的人又怎么会遭遇不幸？"这是他们理念中不能接受的，因而这样的人"一定是受了所谓高贵者的影响，头脑有些不清醒了"。

随即，他们露出轻蔑的表情。众所周知，卑贱的人是那么看重自己看得见的利益，但其实对他们来说最强烈的是观念——那些自认为的聪明和奇思。

——《尼采文集》

032　高贵者总是貌似癫狂

高贵者和卑贱者比起来显得缺少理性——因为高贵、包容又愿意自我牺牲的人时常显得冲动而无所畏惧，当他的情绪处于巅峰的时候，理性就变成了最小值。

就像大自然中的动物，当它保护自己的幼子或者和异性在交配季节繁衍后代的时候，任何的艰险、困难、死亡都不值一提。理性在它的身上暂时消失了，因为它所有的情绪和喜悦都聚焦于自己的伴侣和孩子身上，支配它的是由喜悦产生的无所畏惧，这让它显得更笨拙而没有头脑，这和人类中那些高贵又包容的灵魂是一样的。

当卑贱者鄙夷高贵者，尤其是高贵者的价值观不能被其接受的时候，他们会轻率地对高贵者下结论。在他们看来，高贵者早已丧失了理智而全由诱惑做主。但他们所不了解的是，一个不懂得爱的真谛的人，无论如何也不会用自己的健康和荣誉作为赌注而下一盘赌局。

——《尼采文集》

033　高贵者与卑贱者的罅隙

高贵者的关注点总是异乎寻常，关注于似乎看起来不美好的事情上，他们对价值的判断标准和常人并不相同。但在这个过程中，高贵者对于信仰与常人无异，他们希望自己信仰的价值标准和所有人一样明确。因为做不寻常的事和寻常信仰之间使得他们看起来不可理喻又不切实际。这些人没有足够时间和一般人相处，因为对高贵者来说，他们都深信自身隐藏着自我的“激情”，而且对这种信念极为热衷。

——《善恶的彼岸》

034　社会总在不断地发展

最强与最坏的人迄今一直超越在人类的最前面：他们总是使沉睡的人们再度振作起来（井然有序的社会常使人类的激情昏昏欲睡）。一再唤醒人们要和新事物做比较、有冒险反抗和追求新事物的精神，他们逼使人们提出新的看法去对抗另一种看法，提出新的理想计划去对抗另一个理想计划——使用权力，倾覆界碑，破坏虔诚，甚至不惜借用新的宗教与道德的力量！

而同样的“弱点”也存在于每个新的传教士和导师身上——新事物往往会使征服者声名狼藉，虽然它会使自身显得更精练，但不会立即使肌肉得以运动。（由于这个缘故，应该不致造成如此声名狼藉！）

——《尼采文集》

035　新事物总在与旧环境相抗争

无论怎样，新事物总是在企望克服邪恶的环境之下产生，它尝试着去倾覆旧的界碑和虔诚，“只有旧的才是好的”。每一个时代的好人都能深入旧思想的根底，并孕育其果实，他们也是时代精神的耕耘者。但是每块土地最后都会干涸，邪恶的犁头也会一再地光顾。

一个从根本上就犯了错误的道德理论，它十分著名，尤其是在英国，根据这个道德理论，“善”与“恶”的判断是以它“得当”与否的经验累积为凭借，所谓“善”就是能保护人类的，所谓“恶”就是不利于人类的。但事实上，“恶”所带给人类适当程度的刺激，其影响是与“善”一样的——只是它们的作用不一样而已。

——《尼采文集》

036　如何感染他人

人们普遍认为，为了支配、感染他人必须使用最强烈的措辞、声调，最动人的举止风度，而且不要心存任何侥幸。革命家、社会学家、基督教和非基督教的传教士们都常常提起“责任”，他们提出的那些具有绝对性质的责任在攫取、劝诫中是绝对不可避免的道德哲学，或者像马志尼一样去吸纳、同化一些宗教。

——《尼采文集》

037 做自己的主人

必须绝对地相信自己才能获取他人的信任，这样才能让跟随者或者下属们勇敢地表述自己。那些道德启蒙运动和怀疑论的最强劲的对手也是在这样的环境里诞生的，但是对这些人来说，利益的诱惑远比那些争论或者荣誉更加重要。

当一个人想到自己成为了某个君主、党派、组织甚至财团的工具时，他会感到羞耻，同时也希望自己只是工具而已，至少在大众面前是这样。这种人想要的是一种在任何时候都能够诉求的准则—— 一个绝对“应当”的准则。在这个准则之下，他可以光明正大地服从自己的内心而不感到羞愧，同时表现出自己这么做是迫不得已的。所有更加高尚的屈服很快就会牢牢地抓住这种迫不得已，而那些要讲责任的绝对性才能消灭的人才是最致命的敌人，是“正义”要求他们遵循这个（准则），而且不仅仅是正义。

——《尼采文集》

038 随时思考

冥想不再是一种强调仪式的行为，所以那些刻意又特意的冥想让人觉得好笑，保持这种冥想习惯的古老作风的智者显然不那么受欢迎了。

思考是一种习惯，无论是无聊地走在路上，还是在旅途中处理事务的时候，即便是做最重要的事情的时候，我们也总在想些事情。希望能有片刻的宁静、休息，但事实上我们的头脑像一台不停运转的机器，在不理想的状态下也保持运动。这种情形以前只有在某些特定场合才会被意识到，比如某人将全部心志都投入到一件事时，他会选择沉下脸来站定或者是直接在街上站上几个钟头（甚至可能用一只脚就够了）。

这真是太有趣了！

——《尼采文集》

039 学问使人愉悦

做学问是为了减少痛苦、创造快乐吗？快乐和痛苦的关系一定是此消彼长吗？一方达到最大可能的时候另一方的感觉才更真切吗？想要达到“极乐”，大概是要用“心死”作为铺垫的。至少斯多葛学派是这样认为的，他们认为把生命中的痛苦降到最低的快捷方式是把快乐压缩。（有人认为其论述就是“贞洁的人是最快乐的”，这就像学校里面学生的布告栏，这样的问题还是留给那些聪明的后人来判断吧。）

目前我们仍然有选择：不是最少可能的痛苦（毕竟社会主义和所有的政治家们都不能堂堂正正地向人民做出更多保证），便是最大可能的痛苦，以为一个充满尝试的高尚欢乐与享受的成长代价。如果你选择前者，你要将承受痛苦的能力压制并减到最低点，也必须把承受欢乐的能力压制并减到最低点。

事实上，人们可以利用学问将两者的目标向前推进，也许我们尚且不十分清楚学问有能力阻挡人们去享乐，应使他更冷静、更庄严和更能克制自己。但是，它也可能转变成最大的痛苦制造者！——不过，或许我们会同时发现它的反作用力：它有使另一个星球世界发光的无限能力。

——《尼采文集》

040 合理使用你的力量

我们自身的好恶常常会施加在别人身上并产生有益或者有害的结果。所谓有害是指我们的力量让对方感受到威胁，痛苦的感觉要比快乐更加真切，人们总是愿意追究痛苦的起因，对于快乐则重在当时的享受。对于益处，它使我们善于对待那些乐于依赖于我们的人，我们应该增强他们的力量，也同时增强了我们的力量；或者要使他们懂得，这种优势是我们产生力量的缘故，这样他们才会更安于现状，并且与我们的力量之敌相互抗争。

——《尼采文集》

041 有风度地生活

每个人的生活习惯都不一样，有些人喜欢缓慢的，有些人喜欢快节奏的，还有些人喜欢一些危险的，他们认为这样才更有勇气增强个人的力量；这要根据个人的性情决定。高傲者对轻而易举获得的战利品不屑一顾，他们真正在乎的是那些有顽强意志的人——只有遇到棘手的对象，他们才愿意全力以赴，这是他们向和自己实力相当者表达自己谦恭殷勤的机会。对他们来说，恰当的表现机会之下任何的争斗、抗争都是值得的、荣耀的。

有些骑士气质的人习惯于表现一种谦恭有礼的风度，但对那些并不怎么高贵，也不妄想去征服的人来说，同情是最好的。但通常来说，同情却是那些轻浮女人的美德。

——《尼采文集》

042 快乐源于知足

很多人将“epicurean”误以为是简单的、奢侈的“享乐主义者”或者是“快乐主义者”，但其根源于古希腊哲学家伊壁鸠鲁所崇尚的追求快乐的生活方式。

他所追求的人生目标是一种叫作“满足”的奢侈。这个目标并不高——住宅里有小小的花园，往来有亲朋好友，种上几棵无花果树，吃得上少许奶酪。

这就是他所认为的奢侈了。

——《漂泊者及其影子》

043　赠人玫瑰，手留余香

好的开始是成功的一半，一天的开始从你早上睁眼之后——思考今天如何为至少一个人带去一份快乐。

无论这快乐多么微小，花上一天的时间完成它。

当有更多的人愿意这样做的时候，世界很快就会被改变，这显然比念念有词的祈祷更加有效。

——《人性的，太人性的》

044　不要将快乐建立在他人的痛苦之上

你的欢笑妨碍到他人了吗？

会不会使他人悲观或者不安？甚至侮辱他们？

你高兴的事情是否真的值得开心呢？

你是不是将快乐建立在他人的痛苦之上，只为满足自己狭隘自私的情感呢？

——《权力意志》

045　工作是立足之本

职业是生活的支柱，没有这个支柱，人就无法生存。工作既能让我们远离罪恶、无聊，又给我们带来疲惫和相应的报酬。

——《人性的，太人性的》

046　一起开始的旅程

只要有人陪伴，一起微笑固然很美，即使一起沉默也很美。

共同生活，共同经历种种可能，一起流泪欢笑，分享生命中的时光。

我实在想不出比这更美的事了。

——《人性的，太人性的》

047　从有趣到枯燥是掌握一门学问的必经之路

熟练掌握外语的人反而没有那些初学者——还说不上几个句子的初学者享受的乐趣多。

学习的乐趣总是赋予那些尚处于入门状态的学习者。无论是什么样的兴趣爱好，在刚开始的时候总能让人觉得趣味无穷。

这也是人们愿意开始学习一门学问的原因，然而真正掌握一门学问的过程必然是枯燥的，但随着年龄的增长，我们的克服能力也将逐渐增强。

——《人性的，太人性的》

048 分享你的喜悦

带给别人欢笑本身就是一件值得开心的事。

这件事无论多么渺小，在和他人分享的时候，总能让我们觉得既充实又快乐。

——《曙光》

049 保持乐观

保持乐观是一个聪明的选择。

怀揣乐观面对一切，

这是人生最伟大的事。

——《漂泊者及其影子》

050 享受生活

你应该学会享受生活，享受当下，把你的视线从那些可悲的自怨自艾中移开。

一个人的郁郁寡欢就可能使整个家庭都看起来闷闷不乐，聚会和工作场所的情况也是这样。

所以要尽可能地享受当下，幸福地生活，尽情欢笑，全身心地投入这一瞬间中，为自己也为他人。

——《快乐的知识》

051 感知与精神成正比

哄笑是粗俗的娱乐，真正拥有富足精神世界的人表露出的是微笑和喜悦。

这是因为他比精神粗鄙者更能觉察出生命中的真谛，那些纤细中隐藏的种种细节，都能让他喜悦。

——《漂泊者及其影子》

Part - ❸

锤炼心智，参透生死的迷障

“一口好牙和一个强健的胃”，这是尼采对读者的期待。显然，他希望自己的读者能有足够的消化、吸收能力来领会他的智慧。智慧的消化、吸收能力，就是一个人的心智。所以，不要对自己客气，磨炼自己的心智吧！

052 现在开始永远不晚

做事难在真正开始做的时候，不去做，天上永远不会掉馅饼。

——《人性的，太人性的》

053 感悟才能成长

旅行的意义在于一些人是在陌生的地方以完成行程为目的的四处游荡，一些人把注意力放在购买纪念品上；一些人乐于欣赏异域风情，另一些人期待的是旅行时的偶然邂逅，还有一些人懂得如何把旅行所得应用于自己的生活和工作中。

人生也是一样的道理，若每次的经验都是走马观花地潦草了事，人生就会变成一而再、再而三的重复。

那些懂得将经历过的事情运用到日后的生活中，充实自己的人，才能真正地畅游人生。

——《漂泊者及其影子》

054 做个有正能量的人

良性的事物是指那些能给人带来生机、提供正能量的事物。

这和书籍的题材无关，讲述死亡的书也能为人带来生机，那些以生命为主题的事物也可能反而弱化了生命。

因而无论是语言还是行动，给人带来正能量的就是良性的。有活力的人才能不断地对周围的人产生积极影响。

——《漂泊者及其影子》

055 目标清晰，步伐坚定

死亡是无法预知的事，说不准什么时候就会来，我们能做的就是把握当下。

时间的限制使得我们的精力必须集中在一部分事情上，同时不得不舍弃一些。但并没有必要为如何去选择烦恼，当你朝着目标前进的时候，需要的东西就会慢慢清晰，边角的部分则会自动散去，就像叶子离开树枝。

这样我们才能更加集中精力地向自己的目标迈进。

——《快乐的知识》

056 世上没有后悔药

活得坦荡，不后悔，哪怕是从头再来也毫无怨言。

——《查拉图斯特拉如是说》

057 说服人的诀窍

你想说服更多人，影响更多人，断言是一个好办法。

费尽口舌地论述自己观点的正确性通常收效甚微，还有可能让人心生疑窦。

这是个说服人的诀窍——断言，一般人我都不告诉他。

——《各种意见与箴言》

058 平庸是最容易的事

如果你不介意平庸，只想安逸度日，那么，混迹在人群中，人云亦云，最终大家都不记得你，你也会慢慢忘记自己的存在。

——《权力意志》

059　思想要不断更新换代

不蜕皮的蛇只能等死。

人也一样，总是抓住旧皮囊不肯更新的人，会从内部开始腐烂，停止生长，然后死亡。

只有思想不断更新换代才能脱胎换骨地继续成长。

——《曙光》

060　面对痛苦选择暂时性的躲避

工作吸引了你的注意力，不会让你陷入无妄的乱想，这是拥有工作的好处。

当你生活遇到困难时，埋头工作可以躲避这些让人倍感压力的困境和忧虑。

面对痛苦，暂时性的躲避也是个好办法，因为迎难而上只会是屡战屡败，愈加痛苦，事态也未必能好转。工作是疏解情绪的重要途径，当你埋头工作时，转机已经悄悄发生。

——《人性的，太人性的》

061　计划赶不上变化

制订计划是让人愉悦的过程，比如计划一场旅行，设想自己未来的家的模样等人生计划和周密的工作计划。

在制订愉悦计划的前提下，必须要有力地去执行，否则就只能是帮助别人实现愿望了。

执行不是简单的过程，你会遇到各种障碍和险阻以及一些不可预想的磨难。你可以选择坚持，也可以选择放弃。

真正聪明的方法是什么呢？——一边执行一边修改。删去那些过于美好的空想，就能在享受的状态中实现自己的计划了。

——《各种意见与箴言》

062　生活在此处

对于日常的事物我们反而容易忽视，比如生活中最基本的“衣食住行”。在有些人看来，吃饭就是为了生存，生育后代也不过是为了发泄自己的情欲。所以，这些日常生活中的必需成了让人不齿的事，真正有意思的事都是在别处的。

事实并非如此，我们对待自己的生活应该更加真挚，因为它们是支撑人生的基石，对待生活的时候应该更加敏感知性，多去思考、反省才能改进。只有这样我们才能在现实生活中走好人生之路。

——《漂泊者及其影子》

063　给自己留点儿洁癖

强调清洁观应该从小开始培养，这当然不仅仅是指基本的卫生习惯，比如勤于洗手保证个人身体健康，而是将自己的清洁意识扩展到精神层面，这样才能具备明辨是非的能力，懂得偷窃和其他不道德的事是污秽之事，这样才能获得作为社会人应该拥有的善良、敦厚的纯良品性。

洁癖就是养成习惯的清洁观，有清洁习惯的人才能真正收获幸福。

——《漂泊者及其影子》

064　有章法地生活

怎样才能让生活过得既舒适又有乐趣呢？在这方面应该向艺术家学习。比如，一个画家会在乎物品的摆放位置，特意放在远处，给它充分的光线或者强调画面的阴影……

生活中我们通常也要面临这样的考验，比如室内的摆设，家具必须要摆得有章法才能让整个生活环境更和谐、舒服。

同样的道理，生活中的事情和人际关系上也要参考个人的喜好做出设计。

——《快乐的知识》

065 金钱不是人生的唯一

占有欲有时候也能成为正面的力量，它促使人去工作、挣钱，然后过上酒足饭饱、自由独立的生活。

人使用钱是情理之中的事，但关键是对金钱欲望的过度膨胀反过来会成为人类的枷锁，它会让人花费更多的时间、精力，甚至丧失其他的意识。

因而人成为欲望的机器，一心一意地被占有欲驱使，于是，无论是丰富的内心、精神的富足或远大的理想都不再对他有任何吸引力。最终，他们就会穷得只剩下钱。所以要控制自己的欲望，保持警惕。

——《漂泊者及其影子》

066 只剩下目标，人生便会迷失

如果你只想一心一意地攀登顶峰，那么沿途再美的风景对你而言也丧失了意义。生活也是这样，当你专注于某件事时，对其他的一切就会充耳不闻。

比如，你只想一心一意地提高业绩，工作就再没有了意义和乐趣。

明知如此，人们还是在重复这样的愚蠢行为。不懂得从容面对，甚至将人性中的必需也看做徒劳的人，只是专注于最终目的的人，便会迷失自己的人生。

——《漂泊者及其影子》

067 生命可贵，全力以赴

死在所难免，所以真正该保持的生活态度是：

因为人生的短暂，更要全力以赴；

因为时间有限，才要更加珍惜。

叹息和呻吟就留给那些舞台上的演员们吧！

——《权力意志》

068 正视自己的局限

我们可以通过自己的人生经验来判断自己的经历：是长的、短的，丰富的、贫乏的，还是充实的、空虚的。

但是，一个人既没有千里眼也没有顺风耳，拘束在肉体中所能够体验的范围和距离是相当有限的。

但我们还是会擅自片面地判断事物，所以个人认识的极限又不自知，会导致很多判断出错，这是人类共有的缺陷。

——《曙光》

069 愉悦地生活

心情愉悦会让人们日常的工作变得顺利，做创造性的工作更是如此，创作需要自由的灵魂，不被各种外在的无谓条件所限制。

愉悦的状态是天生的，所以要好好保护它不要让它枯萎，这样你就能从容地面对各种事情。

如果你意识到自己的贫乏，就多多学习知识，多多接触艺术吧！这样你才能重回一种愉悦而生机的人生状态。

——《人性的，太人性的》

070 希望是从内心散发的力量

如果你不懂得什么是光芒，什么是炙热，即便是希望降临，你也不懂得它的可贵，你看不到，也听不到。

——《快乐的知识》

071 窗里窗外

从你的住处或者办公室眺望的时候，或者只是偶然的回头，常常能看到一些楼房、远处的树、地平线，这些司空见惯的景色对我们却是至关重要的。

正是这些看惯的景色，景色里稳定的线条能给我们的心灵带来沉稳和充实的力量。

这是人类的本能，我们眺望窗外，或者是希望在亲近自然的地方定居。

——《人性的，太人性的》

072　以历史的态度生活

我们常会觉得历史是一件遥远的事，或者尘封在图书馆的旧书里，仿佛和我们毫无关联。

然而，历史其实是我们每个人所拥有的权利，每天的每时每刻都会成为你个人历史中的一页。

你会选择碌碌无为地日复一日还是着意于如何让自己变得更好，都会成为你个人史诗上的一笔。

——《快乐的知识》

073　因势利导

在不断地努力、求索都只落得筋疲力尽、不能如愿的时候，试着换个角度来看待这件事吧。

如果总有大风阻碍你的行程，为什么不反过来利用风的力量呢？扬起风帆，让风为你服务。

——《玩笑、欺骗与复仇》

074 从小事做起

每天重复不起眼的小毛病就会为慢性病埋下祸根。

心理上的习惯也是一样，会让自己的灵魂更加健康或者产生疾病。

与其总是对周围的人冷言冷语，不如让大家都更高兴些。

这样治疗的不仅是你的灵魂，对你周围人的心境也会更有利。

——《曙光》

075 明辨平等

口口声声说“平等”的人，通常有以下两种可能：

第一种是将他人的水平降得和自己一样低，第二种是把自己的水平提得和他人一样高。

所以明辨那些人叫嚣的究竟是哪种平等，再决定站队也不迟。

——《人性的，太人性的》

076 看问题要看本质

客气看起来是一种为他人着想的公正品性，不让任何人难受也不给别人添麻烦。

但是这种行为也很可能是出于胆怯。

所以对表面看起来是合理的、有长处的东西，弄清其根源很重要。

——《人性的，太人性的》

077 不要迷信偶然

成功没有偶然。

即便有些胜利者谦虚地说，自己的成功是偶然的缘故。

——《快乐的知识》

078 培养钢铁般的意志

先暗示自己前面没有路，那即便事实上有路你也不会见到了。

先觉得危险，那就没有安全之地。

先乱了阵脚，就会错过好的处理问题的方法。

以上这些无非说明胆怯会导致失败，甚至毁灭。

失败的真正原因只可能是你的胆怯和恐惧，对手太强、困难太多、状况太差、外援太少都只是次要因素。

——《玩笑、欺骗与复仇》

079 使自己的内心变得强大

喜欢走极端，用夸张态度处理问题的人都有点儿虚荣，他们希望通过这样的方式来提高个人形象，让别人觉得自己有能力，自己多么特别，这恰恰说明他们的内心是多么空虚。

在小事上花工夫的人通常是因为心怀恐惧，他们害怕失败，或是总抱着对他人的不屑态度，总是觉得事情但凡有他人参与就会有麻烦。

——《人性的，太人性的》

080 跳出个人情绪看事实

很多人看不到事实的本质。

他们太迷信于自己的情感，看待事物的时候拘泥于自己的成见和认识里。

事实已经被他们掩藏起来了，一心一意地只为自己的见解得意洋洋。

——《曙光》

081 说服人的技巧

人云亦云的永远是人群中的大多数，他们拿不出具体根据。

比如在一项提案里，反对的人可能大部分是因为陈述提案人的口吻或者是当时的氛围。

这显然可以成为如何吸引更多人来支持你的小谋略。

比如表现手法、说服方法、用怎样的口吻，这些技术上的问题改变起来很容易，但是陈述者的外在容貌、生活态度、人品却是无法改变的。

——《人性的，太人性的》

082 尊重对手

除掉对手真的是个好主意吗？你下定决心了吗？

真的要去毁灭自己的对手吗？

对手其实也可以成为你向前的永恒力量，你真的下定决心了吗？

——《曙光》

083 提防虚荣心

虚荣心也就是人类的面子，它确是个复杂的东西。

比如，看似坦白的人，坦白自己的缺点、怪癖或者是坏事，也许是为了掩饰自己更加阴暗的部分。

每个人都有自由决定公开和掩饰的部分，这为我们提供了看待他人的角度，他掩饰了什么，其实也是他最羞愧的部分，炫耀什么，就是他最在乎的部分。

——《人性的，太人性的》

084 性本奢侈

对奢侈生活的追求，有时候并不是一种自满和傲气，因为这种情绪通常与身份不一致。

我们往往会为一些看似不那么重要的东西所困扰，也许这些东西并不是我们所需要的，这也许是因为我们天生就无法摒弃对奢侈生活的追求吧。

——《曙光》

085 保持成长

我们往往对自己不容易得到的东西更加渴望。

但你一旦得到了这些东西，过不了多久，便开始忽视甚至厌倦它。也许是一个人，也许是一个东西，都不会逃脱这样的命运。

当你得到一个东西，习惯拥有一个东西时，就会慢慢觉得疲倦。但其实那个你曾经珍视的东西从来没有改变过，是你还在用原来的眼光看待它，所以你会觉得它索然无味。当你对生活的好奇心慢慢减弱，你就越容易对它感到厌倦。

如果你时刻都在不断地成长，在生活中改变着自己，那你曾经珍视的东西，也会让你继续珍视，而不是厌倦。

——《快乐的知识》

086 无聊并非因为懒惰

当你感觉到无聊的时候，并不证明你是一个懒惰的人。只有保持灵敏的心，对各种事物都抱有激情和崇敬之心，才会偶尔感到无聊。

——《漂泊者及其影子》

087 情绪的来源

无论我们快乐或者不快乐，都不是因为一些外在原因而造成的，其实，更多的都是我们自己心里的一种情绪，别人左右不了。

当我们完成一项工作，也许有的人会因为某一个细节不如意而后悔当初没有面面俱到，于是便产生了负面情绪。同样，有的人会想到由于之前的某些努力，才让工作顺利开展并完成，于是，便觉得十分开心。

我们其实可以选择上面的任何一种情绪，事情本身无所谓好坏。换句话说，我们可以选择自己的情绪，快乐或者不快乐。

——《漂泊者及其影子》

088 为何自由之人更简单潇洒

让自己变得更加自由，能够更加自如地看待事物，充分地利用自己的特长，这样的想法都是正确有益的。

他们会自觉地限制自己的缺点，克制自己的欲望，因为这些会影响他们对待事物的自由度，所以为了自由，就会自然地舍弃那些愤怒的、厌恶的感情。

这就是真正自由的人能给人带来潇洒印象的原因，因为他们已经抛去了多余的束缚。

——《善恶的彼岸》

089　如何把握精神的自由

获得真正自由的方法是要学会自我控制。

如果情绪总是处于失控状态，就会被感情牵着鼻子走，丧失自由。

所以那些精神自由、保持独立思考的人也正是擅于控制自己情绪的人。

——《善恶的彼岸》

Part - ④

明白道德谱系，做一个超脱的人

在尼采看来，很多旧的道德，完全就是弱者对强者一厢情愿的“立法”。尼采的整个道德哲学的出发点和目的，便是为生命赋予意义。一方面，他站在生命立场上否定旧的道德价值；另一方面，他又站在生命立场上呼唤新的道德价值。也就是说，只有一个对自己的生命意义起积极作用的道德体系，才值得去捍卫。

090 真理至上

英国的心理学家们想探讨道德发生史，可惜的是他们没提出任何疑点。但其实他们本身就是个疑点——竟然能在写书前、研究前提出基本观点！这些英国心理学家们总是有意无意地想要挖掘我们内心世界最龌龊的东西，再从中找出积极的、先进的、对人类发展有决定因素的部分，这是人类的智慧尊严中最不愿意看到的。这些心理学家们在惯性的定势里，依靠自己盲目偶然的思想机制，用纯粹被动的、机械的办法在那些本质就是愚蠢的部分中挖掘积极的因素。

这些心理学家们为什么总是致力于这样的研究呢？是不是在他们的内心深处存在一种恶毒、低级、他们自己也未必察觉到的贬低人类的本能？是一种悲观主义的猜忌还是理想主义的怀疑？

是基督教自我的愤懑和积怨，对于稀奇事物的好奇，还是对个人荒唐之处的贪婪的嗜好？也许是这些因素的混合？也有人告诉我他们不过是些冷血、乏味的老青蛙，在人的周围活跃却受制于个人的天地里。我不希望事实是这样的，我不想听到这些，我希望这些人是另有一副模样的，希望他们是勇敢的、有尊严的，能够控制自己的情绪，训练自己为真理牺牲的信念，这种真理是确实存在的又不受任何限制。

——《尼采文集》

091　好是“好人”的行为

我们理应向那些支配着史学家的好人们致敬。可惜，历史精神并不会买这些所谓道德史学家的账，因为正是那些好人们将他们置于艰难处境。他们总是在恪守一些陈旧的习俗，不懂得使用历史思维，在所有的调查开始前他们已经明确了好坏判断的结论。在他们看来，不自私的行为被人们称赞，所以不自私的行为被默认为是好的，大家也自然忘却了赞许的由来。总之，不自私的就是好的。

这些史学家的观点显然很好地秉持了英国心理学家的典型特征。“有益”“遗忘”“习惯”还有错误，都成为了让人尊敬的依据，那些高贵的人甚至引以为自豪，但是这种自豪应该羞愧，尊重也不值一提。这种理论的荒谬之处在于确定“好”的概念的起源就是错误的，“好”应该在那些“好人”身上，换言之就是“好”已经变成高尚的人为了与低下、卑贱、平庸的人划清界限的参照物，超出了原本的意义。

——《尼采文集》

092 “好”的由来

从这种保持了距离的狂热中，他们获得了创造价值并给价值命名的权力。这和功利有何干系？恰恰是功利的观点对维持最高等级秩序、突出等价的价值判断的热情显得如此陌生和不合时宜：此时，那种卑微的热情的对立感觉方才得以体现，这种热情以各种精打细算、功利计算为前提——并且是永久地这样做而绝不只是特殊情况才如此。高尚和保持距离的狂热，就是我们说过的那种上等的、如统治艺术那般持久的、起主导作用的整体和基本感觉，与一种低下的、“下人”般的艺术之间的关系——这就是“好”和“坏”对立的起源。（主人拥有赐名的权力，意味着人们可以认为“语言”来源于统治者权威的表达：他们说“这是什么，那又是什么”；他们用声音给每一事、每一物烙下印记，并通过这种方法将其立即据为已有。）

——《道德的谱系》

093 好是上等人的特权

我们所探讨的问题是小众的，听众的人数很少。“好”的词汇和词根还在为那些高尚者提供自己是上等人的特权，诸如以对权力的支配来称呼自己，比如“主人”“领主”，或者更明显的标志如“有钱人”“占有者”，还有些是以典型的特征来自称，这是我们需要探讨的。

例如称自己“真实”，希腊贵族、麦加诗人蒂奥哥尼斯就是最先这样做的代言人。表达此意的 esthlos 的词根意味着一个人只要是存在的、现实的、真切的，他就是真正的人。后来这个词被主观地转变延伸为真实，在这个转化的过程中，真实变成贵族们的标榜，相对的不诚实就成了下等人的标签。到后来贵族没落之后，这个词才重新被定义为精神贵族。在 kakos 和 deilos 这两个词中（agathos 的反义词：庶民）都强调了懦弱：根据这个提示我们能找到更多的证据，拉丁文中的“坏”（malus）字可以用来指深肤色，特别是黑头皮的人，这又等同于粗俗的人，是指在雅利安人以前居住在意大利土地上，肤色是他们和统治者最明显的区别；还有克尔特语也提供了例证——fin（例如 Fin-Qal 这个名词）用来表示贵族，本意是黄头发，和肤色暗、头发黑的土著居民相对照，最后被用来标志好、高贵、纯洁。

——《善恶的彼岸》

094 早期的纯洁的词义

政治优越意味着精神一定优越吗？在大多数的场合这个规则看起来都适用，最高等级的教士更喜欢人们以能够提醒自己职能的称呼作为一种共同的标志。就像我们第一次遇到纯洁与否的对立观念，同样也产生了不具有等级概念的“好”和“坏”。

但是人们应当注意，不要过于看重“纯洁”和“不纯洁”这种观念，也不要把它们的适用范围扩得过大，甚至看成是象征性的。要知道，古代人类的所有观念本来就是一些我们几乎从来就无法想象的、粗糙的、笨拙的、浅薄的、狭窄的、直截了当的，尤其是不具有代表性的东西。“纯洁的人”最初的意思就是洗澡的人，不吃感染了病菌的食品的人，不和肮脏的底层妇女睡觉的人，厌恶流血的人——仅此而已，并无其他！

——《善恶的彼岸》

095 高贵与益处

奴隶最初产生反抗念头的怨恨是有创造性价值的，他们的怨恨先以想象中的报复来弥补。高贵的道德来自胜利的自我肯定，奴隶的道德不同，是出于对他人、对外界的否定。他们确定价值的行动是反向的，向外界而不是向自身寻求价值就是种怨恨。奴隶的道德要靠外界的刺激才能产生，从本质上来说，这就是一种对外界的反应。

高贵的价值则相反，它产生发展的模式是自发的，它去寻找对立面只是出于更加肯定自己的需要，积极的概念渗透在他生命的基本概念中，消极的概念只是模糊的对照。所以贵族们的价值方式有时显得有过失，是因为在他们不了解的领域，更愿意相信用自卫的方式坚持自己的理念而不是了解实情。

——《道德的谱系》

096　仇恨者和高贵者

这种仇恨者的种族最终必然会比任何一个高贵的种族更加聪明，而且它对聪明尊崇的程度也不大不相同：它把聪明当做其生存的首要条件，而高贵者只是把聪明当作奢侈和精致的一种高雅的变味品来享受——即使在这方面，聪明比起无意识的调节本能那样一种完美的功能性保障，甚至比起一种特定的不聪明，比起某种更加勇敢的蛮干，比起那为所有时代高尚灵魂都要重新认识的激怒、热爱、敬畏、感激和报复等狂热的情感爆发，早已不再重要了。

当一个高贵的人感受到怨恨的时候，这种怨恨会爆发，且消耗在一种瞬间的反应中，因此也就不会起毒化作用。此外，在许多场合下，高贵者丝毫不感到怨恨，而所有的软弱者和无能者都毫无例外地感到怨恨。具有坚强完美天性的人的标志是根本不会长期地把自己的敌人、不幸和失误看得很严重。因为他们有丰富的塑造力、修复力、治愈力，还有一种忘却力（现代世界上有个很好的例子，他就是米拉保，他记不住任何人对他的侮辱和诋毁，他不能原谅别人，只是因为他把一切忘记了）。

这种人猛然一甩就抖落了许多寄生虫，而这些寄生虫却深入其他人的皮下；也只有在这种情况下地球上才可能出现所谓的“爱自己的敌人”。一个高贵者已经向他的敌人表示了尊重！而这种尊重本身就是通向爱的桥梁……是的，他以自己的高标准要求敌人！是的，除了这种丝毫不值得蔑视，反而非常值得尊敬的敌人，他不能容忍其他敌人！试想，一个充满仇恨的人构想出来的“敌人”将是什么样的——这正是他的行动、他的创造：他构想了“丑恶的敌人”，构想了“恶人”并且把它作为基本概念，然后又从此出发产生了余念，设想了一个对立面，即“好人”——也就是他自己。

——《道德的谱系》

097 高尚者

精神高贵之人率先原创了“好”这一基本概念，也就是说他们从自身获得了这一概念，然后在此基础上引发了一种“坏”的概念！这种缘起于高贵的“坏”与那种产生于欲壑难填的仇恨之中的“恶”——这两个表面看上去同样是“好”的反义词的“坏”和“恶”是如此的不同！前者是从属物，是一种附加产品，起补充作用的色彩；而后者却是本源，是起点，产生于奴隶的道德观念的原创活动。可是，在这里同样被称作“好”的概念也并不相同，最好还是问清楚，根据仇恨的道德来看，到底谁才是“恶人”。

标准的答案是这样的：所谓“恶人”恰恰是另一种道德中的“好人”、高贵之人、有力之人、统治者，只不过是有人戴着仇恨的有色眼镜看他们，改变了他们的颜色，歪曲了他们的涵义和形态。至少，我们要否认的一点是：谁把那种“好人”当做敌人来看待，他除了认识邪恶的敌人之外就什么都不认识了。同样是这种人，他们被牢牢地禁锢在习俗、崇敬、礼仪、恩德之中，甚至被束缚在互相监视、彼此嫉妒之中，在他们态度的另一面，他们显示出了几分慎思、几分自制，他们是那么温和、忠诚、自信、友好；然而，一旦到外面，接触到各种陌生事物，他们就好像逃脱了牢笼的野兽，摆脱了所有的禁锢，尽情享受着自由。

因为长期禁锢带来的精神紧张在野蛮状态中得到了弥补，他们变成了一只幸灾乐祸的野兽，在进行了大屠杀、放火、强暴、殴打等一系列令人发指的暴行后可能狂妄自大地离开，好像刚完成一个恶作剧，他们甚至也相信这是在未来一段时期内诗人歌颂和赞美的对象。心中的野兽是所有这些高贵种族真实的内心状况，他们的内心就像一个非常漂亮的金发猛兽在等待获得战利品和胜利的机会。隐蔽的心随时可能爆发，野兽一定会想办法挣脱，重新回到野蛮状态中去——罗马贵族、阿拉伯贵族、日耳曼和日本的贵族，荷马提到的英雄与北欧海盗，他们有相同的需要。

——《道德的谱系》

098 值得警惕的时代

人类的“蠕虫”时代到了。“温和”的不可救药的中庸的人以及不愉快的人将自己看作精英和“绅士”。是的，这种感觉的产生不是没有理由的，因为他们感到自己和大量的失败者、病人之间的距离后面是今天欧洲的张扬，所以他们觉得自己至少还比较温和，至少还有生存技能……

——《尼采文集》

099 强者与弱者

“好人”的另一个起源是憎恨者所想象出来的。羊怨恨狼毫不奇怪，但不能因为野兽捕食羔羊而责怪野兽。如果羔羊私下说：“野兽如此罪恶，那么与野兽完全不同甚至相反的羔羊难道不能算是好的吗？”

这种理想的建立并没有什么不妥，即使那野兽表示讽刺，他们可以对自己说：“我们不讨厌羔羊肉，事实上我们爱它们，没有什么比羊羔的味道更美妙。”要强势者表现得并不强壮，不去战斗，不统治，不树敌，不寻求冲突，不渴望胜利，就像弱者硬要逞强一样荒谬。

——《尼采文集》

100 弱者的自卫

那些被欺压、被蹂躏的人们，他们渴望复仇，狡猾又无能地低声说：“我们和那些恶人不同，我们做好人！不侵占、不伤害任何人，不复仇、不攻击，把报复留给上帝，避免罪恶，要小心地生活，像我们这样耐心、谦虚、正义的就是好人。”

如果你理性地听，这段话的真正含义是，“我们是软弱，但不做我们不能做的事情就是好。”这甚至是昆虫都能想得到的主意，面对这个严酷的现实，以无能的伪造、自欺欺人而包裹在一个闭塞的道德外衣内。软弱本来是他的本性，但他的行为却成了一种自愿选择，是一个行动，是一种优点。

——《尼采文集》

101 理想的作坊

有人想溯本求源地看看理想的产生吗，谁敢？……来，我们一起看看！这里有一条裂缝，能看一眼这个黑暗的作坊。请稍候，大胆的先生，你的眼睛必须先习惯于这里反复无常的光，现在告诉我，看到了什么？

——“我没有看到什么，但我听到很多，从每一个角落都发出了一个谨慎的、狡猾的、轻微的耳语。我想他们在说谎，每一个声音都像蜜糖一样甜蜜，说毫无疑问软弱理应被赞美——是的，他们都是如此说的。”

——还有什么？

——“没有报复的无能应该被称为‘好’，怯懦被改用为‘谦卑’，向仇恨的对象屈服应改为‘顺从’。虚弱的声音具有鲜明特色的怯懦，等待合意的人站起来支持他的态度。他没有选择，只能继续等待，这里贴上一个好的名声，被称为‘耐心’，甚至意味着美德；无能复仇者号称不想复仇，甚至可以被称为原谅，他们仍然谈论‘爱他们的敌人’——说的时候还在流汗。”

——继续说！

——“我敢打赌他们很悲惨，所有这些窃窃私语者躺在拐角处，尽管他们挤在一起取暖，但他们告诉我，他们的悲剧是因为被上帝选中，就像人们抽打自己的宠物狗；或许这种痛苦是一个准备、培训；也许实际上它是黄金作为巨大的利益最终弥补的东西，不，不是金钱，而是带着幸福的补偿。他们的幸福叫作‘天堂’。”

——继续

——“他们对我解释说，现在，尽管他们必须舔强壮主人的唾液，不是出于恐惧而是因为上帝的吩咐，但他们不仅比地球上的那些强者、主人更好，而且他们的‘境况也会更好’。可是，够了！我听够了！空气好污浊，我觉得这些生产理想的作坊散发着一股弥天大谎的霉味。”

——《尼采文集》

102 理想者的自卫

信仰什么？爱什么？期望什么？毋庸置疑，这些软弱者也希望他们有朝一日能变为强者，有朝一日他们的“王国”能够到来，这个“王国”被他们称为“上帝的王国”——他们时刻保持着这样的谦卑！可是为了能够在这个王国好好地生活，人必须活很长时间！他们必须超越死亡，也就是说，必须获得永生才能够在“上帝的王国”中得到补偿，补偿自己在“信仰、爱和期望”中度过的尘世生活。

可是补偿的是什么？又用什么来补偿呢？我认为但丁在这里犯了一个大错误，他凭借一种能感知到恐惧的悟性在通往地狱大门上写下“我亦是永恒之爱的结晶”——无论如何，在通往基督教的天堂和“永恒的极乐世界”的大门上，更有理由写上的是“我亦是永恒仇恨的产物”，让真理站在通往谎言的门槛上！那天堂永恒的极乐又是什么呢？……我们大概已经猜到答案了，但是还是请一位在此问题上享有盛誉的权威——托马斯·阿奎那，伟大的导师和圣人来为我们证实一下吧！他用温柔的口吻告诉我们：“享福总是比受惩罚能让人快乐得多。”

——《尼采文集》

103 “好与坏”和“善与恶”的总结

“好或坏”和“善与恶”这两个对立的价值观在地球上长期地战斗，虽然后者长期以来一直占据上风，但只要战争还在继续，结果就无从断定。甚至可以说战争在不断升级，所以它变得更深刻，更像一场智慧战争，战争的结果是还不能找到确切的标志来标记超越这种对立的“更高级的力量”。

——《善恶的彼岸》

104 哲学家的重担

“语言科学，特别是对语源学的研究，给道德观念的历史发展带来了什么样的启示？”——此外，显然还有必要争取请生理学家和医学家帮助解决这一问题（即迄今为止的价值判断这个问题）。在这里，也仅仅是在这种情况下，应当委托专业哲学家来充当代言人和协调人，因为他们成功地把哲学、生理学和医学之间的非常冷淡、非常多疑的关系变成了友好的、富有成果的交往。事实上，所有那些被历史研究和人种学研究所熟知的品行戒律，所有那些“你应当……”条款，都要求首先进行生理的阐释和说明，然后才能进行心理分析，所有类似的问题都要首先经过医学知识的评判。

问题的症结在于：各种品行戒律或“道德”价值到底是什么？如果不从各种不同的角度去观察它们，就无法精细地分解“价值目标”。比如某种东西对某一种生物的生存来说可能有明显的价值（对这种生物提高适应特定气候的能力，或对它维持最多的数量来说），但是对造就一种更强壮的生物来说，它就不会具有同样的价值了。大多数的利益和极少数的利益是相互对立的价值观点，认定前者是更高的价值，这属于英国生理学家的天真……现在所有的科学家都在为哲学家未来的使命进行准备工作，而哲学家的使命就是，他们必须解决价值的难题，必须确定各种价值的档次。

——《尼采文集》

105 道德的继承

我们依然拥有道德，但他们不再是一种非常庄重的、严肃的事情。这些道德让我们尊重祖先，和他们保持一定的距离。20世纪的欧洲人会继承我们危险的好奇心和各种掩饰能力。我们的感官和心理上更加成熟，但是表面上装得很天真。如果你必须有一种道德，很可能和我们内心感受最深的、最亲密的倾向一致，我们最需要的是道德的一致。然后在迷宫中找到这样一种道德！我们知道许多事情迷失在迷宫中，完全被丢失！没有比寻找结果的道德更好笑了，这种“相信他们的道德”和过去人们所谓的“问心无愧”的思维方式是一个道理，这条思想的长辫子，我们的祖先常挂在他的后脑勺，经常挂在背后来理解。

——《道德的谱系》

106　道德的融合

在星空中，有时是用两个太阳来确定一个行星的轨道，有时是用几个不同颜色的太阳，红色的、绿色的在行星周围发光，后面两种光使这个星球上发出多姿多彩的光芒。如同“星空”的复杂的结构，现代人们也受各种道德的影响。我们彼此的不同行为显出多种色彩，很少有清楚的意图——在很多场合，我们的行为是杂色的。

——《道德的谱系》

107　热爱仇敌

爱自己的敌人？我想这一点人们已经彻底学会了。当前，这种事情正在成千上万次地发生；而且有时还会发生更崇高、更伟大的事情：我们学会了在爱的时候，并且是在爱得最深的时候，去鄙视我们爱着的对象。然而这一切都发生在不知不觉之中，既未宣示，也不高调，有的只是善意的愧疚和羞臊的遮掩，傲慢而自负地谈论道德是不被允许的。这也是一种进步，正如对我们的父辈来说，宗教最终成为了一种态度而不再仅仅是一种兴趣。父辈的兴趣包括对宗教抱有敌意以及伏尔泰式的仇恨（还有所有那些属于自由思想家的哑剧的东西）。它在我们的良知中奏乐，在我们的精神中舞蹈，清教徒的祈祷、道德说教和假道学都与它不合拍。

——《道德的谱系》

108　孰能无错

有些人总是乐于严苛要求别人，觉得他们应该在道德上成熟、经验丰富、深刻且有敏感的洞察力。跟这些人打交道时要特别注意，我们如果犯了一个错误（即使是关于我们的错误），他们永远也不会原谅我们，他们诽谤我们，散布流言，即使他们仍然是我们的“朋友”。

——《道德的谱系》

109　无私的标准

道学家对闲人说：“我尊敬和尊重无私的人，不是因为他是无私的，而是我认为他有权牺牲自己的利益对另一个人有益。”问题是他是谁，另一个人是谁。例如，一个该下命令的人却自我牺牲，远离尘嚣，并非是一种美德，而是破坏美德。每一种无私的道德体系都认为自己是无条件的，是对每个人都有吸引力的，因此这个道德体系不仅对品味高雅是一种犯罪，也刺激人们犯罪。

——《道德的谱系》

110 可耻的自卑

如果我的推测没错，那么在当今鼓吹同情（同胞的苦难）的地方，没有哪种宗教比这种宗教鼓吹的时间更长了。心理学家们应当去安静地聆听，透过所有的虚荣，再透过这种宗教的鼓吹者（以及所有的鼓吹者）司空见惯的噪音，将会听到正宗的自我蔑视的声音在嘶哑地吟唱着。欧洲的光芒就这样被遮盖了，变得丑陋不堪。一个世纪以来，这种情况有增无减（最早一批症状已经清楚地记录在了加利亚尼写给德·埃皮奈夫人的一封内涵丰富的信中）——但愿自我蔑视不是造成这种情况的真实原因！具有“现代思想”的人，那些自负的类人猿，对自己极端不满——这是千真万确的。他正在受苦，是他的虚荣让他“与同胞有难同当”。

——《道德的谱系》

111 深刻的思维方式

享乐主义也好、悲观主义也好、功利主义也好、幸福论也好，所有这些思维方式都是根据快乐与痛苦来衡量事物价值的，而快乐和痛苦属于附属品和次要因素，这些算是表面讲得通的思维方式，是幼稚的，那些意识到了创造的力量和艺术家的良心的人们，都会鄙视它，尽管也有一点点同情。同情！当然，这并不是你所理解的那种同情——对世间疾苦的同情，不是对“社会”中病人和不幸者的同情，不是对躺在我们脚下身心有缺陷的人的同情，更不是对那些苦大仇深闹革命、为了所谓的“自由”去夺取权利的奴隶阶级的同情。我们的同情，是一种更加高尚、更加深远的同情——我们看到了人是如何把自己变得渺小，我们时而怀着难以言喻的痛苦心情来面对你的同情，有时抵制你的同情，有时觉得，你的一本正经比任何一种轻浮都更加危险。如果可能的话(没有什么比“如果可能的话”这种说法更加愚蠢了)，你想要消灭痛苦，而我们呢？实际上，我们反而想要去增加痛苦，想要使痛苦比以往任何时候都更加让人难以忍受！你所理解的幸福——一定不是一个目标，而在我看来，那似乎是一种结局。这一结局使得人们马上显得如此荒唐和可悲，同时也使人类的毁灭变得合情合理！是痛苦，巨大的痛苦——正是因为有这种痛苦的磨炼才有了人类迄今为止的全部进步。遭遇不幸时，心灵在绝望中学会坚强；满目疮痍时，心灵受到强烈的震撼；从忍受不幸，到理解不幸，再到利用不幸，这其中焕发出的创造力和英勇无畏的精神，以及心灵所感受到的一切深刻、神秘、虚伪、领悟、狡诈和伟大——哪一样不是从痛苦中来，不是从巨大的痛苦带来的磨炼中来的呢？

——《尼采文集》

112　戴着镣铐生存

我们和我们赖以生存的充满恨与爱的世界，是一个由精致的指挥和精致的服从组成的、熙熙攘攘的世界，是一个在各方面都吹毛求疵，需要认真对待的世界。此外，世界已经充分地被保护，容不得笨拙的观众的指责和好奇心的挖掘！我们被纳入志愿者网络和外套，你不能摆脱义务。在这里，我们是有义务的人！当然，我们偶尔会戴着“束缚”和“剑”一起跳舞，但更多的时候，我们对艰苦的命运很不耐烦。然而，如果我们太自由，会有人说：“你是没有任何意义的人。”

——《尼采文集》

113　道德问题

请原谅，我发现迄今为止的一切道德哲学都是既单调又乏味的催眠工具。在我看来，把“美德”毁得最厉害的不是别的东西，正是其鼓吹者的无聊和乏味；但同时，我无意忽视它们普遍的作用。思考道德的人越少越好，所以道德最好永远不要令人感兴趣才好！但是不必担心，目前的情况仍然没有任何改观。欧洲还没有人认为（或者流露出这样的想法）利用危险的、强词夺理的、引人上套的方式对道德进行理论研究会带来灾难。

看看那些不知疲倦的、防不胜防的英国功利主义者吧！他们是多么沉重而可敬地踩着边沁（英国法理学家、功利主义哲学家、经济学家、社会改革者）的脚印，同时又远远地超越了边沁，正如边沁曾经步法国唯物主义哲学家爱尔维修的后尘那样！他们就这样，没有新的思想，也没有用更优美的词汇表达旧思想，甚至都不曾把前人的观点做个适当的总结。总而言之，这是一种叫人无法忍受的学术研究，除非人们把这件事当成笑话来看。事实上，英国人那种言不由衷和道德上的虚伪等劣根性，已经不知不觉地流淌在这些道德家的血液中了。思想家把道德看作一个问题，一个需要去思考的问题。那么，道德家不也是思想家吗？总之，把道德看作是一个问题，不正是一种不道德吗？

——《尼采文集》

114 用学识改变自己

知识会改变我们，就像营养一样，它可不是仅仅起“保存”作用而已——生物学家也证明了这一点。但是在我们的灵魂深处，确实存在着某种顽固的东西，某种不可更改的命运，对于已经选定的问题，给出了既定的答案。对于每一个基本问题，给出的都是这样一句不可更改的话：“我就是这样。”

——《尼采文集》

115 母亲的句子

有时候整个文化、整个社会都可以浓缩在几句假想的理念和一些句子中。

“亲爱的，你只知道做蠢事。做蠢事，给你带来特别的快乐。”德兰伯特夫人对儿子随便说的这句话就是很好的例子。

顺便说一句，这是这个时代一个母亲对儿子说的最丰富的带有母性关怀的、充满智慧的言语。

——《尼采文集》

116 相辅相成的意志力

男人们想要降低女人的平均智力水平，让她们变得不那么出众和优秀。他们想要女人们只坐在家里看报而不去从政。他们希望女人只是作为一种精神自由的文学艺术方面的工作者。男人并不会讨厌或者看不起一些思想没有深度、信仰不虔诚的女性；相反在很多地方，女人们的意志也在不断地被一些文学艺术所浸染。

男人们在越来越多的方面试图利用文化或是艺术把女人塑造得越来越强健。历史似乎并没有那么清楚地证明，越是试图把女人变得强壮，女人就越是虚弱，意志力的强大和消亡总是相辅相成的。

——《尼采文集》

Part -❺

洞悉人性，不为人性迷障所困

人性是什么？人性就是与生俱来的人的属性。人不是上帝的完美作品，他从一开始就具有各种各样或好或坏的特性。作为一个人，我们应该热爱、追随、忠实于自己的本性，积极地与自己对话，在通向超人的路上，既不要扭曲，也不要臣服于自己的本性。

117　去热爱人类吧

通往山下的路上，只有查拉图斯特拉一个人。直到他进入丛林，才看到一位长者站在他面前。这位老人来自神圣的茅舍，他到森林里采摘野根菜。他对查拉图斯特拉说：

“我认识一个叫查拉图斯特拉的流浪者，他和多年前经过此处时已经判若两人。他曾将自己的灰烬带上山去，现在反而要将火种带回，这是纵火之罪啊！

我知道你就是查拉图斯特拉，拥有纯洁的眼神和倔强的嘴角，如一个舞者般前行。

查拉图斯特拉变成了一个纯净的小孩，一个觉醒的人，你去沉睡的人的灵魂里做什么？

你独自在四顾茫茫的人群中生存，浮浮沉沉。你是想重回到人间，再次背起负担吗？”

查拉图斯特拉答道："我是热爱人类的。"老人又说："我来到这荒野之处是因为我曾深爱人类，但现在我更加热爱上帝，因为人类缺陷太多，对他们的爱可能会毁灭我。"

查拉图斯特拉答道："不算是什么爱，我只想给人类送些礼物。"

"你与其给他们东西，还不如分担些负担呢，他们更喜欢这样。不过，也不是一味地给予帮助，要等到他们来求助你才好。"

"我没有这个资格，他们也不需要。"查拉图斯特拉笑道。

"那你就去试试看吧，那些人类不相信我们这些孤立的人，更不相信我们的好意。在他们看来我们是多余的、怪异的，把我们当做窃贼。我劝你不要去，留在森林里和那些鸟兽为伍，做个森林之王！"老人说。

"留在森林里做什么呢？"

"我写诗、朗诵，赞美上帝。我爱这样自由地哭、笑、低唱！你要带给我们什么样的礼物呢？"

查拉图斯特拉向老人鞠躬道："我实在没有什么可以给你，说不定还要从你身上拿些什么呢！所以我还是快走吧！"两人相互告别，笑得像个孩子一样。

查拉图斯特拉心想，这位老人竟然还没听到上帝死去的消息！

——《查拉图斯特拉如是说》

118 超人是人的归宿

查拉图斯特拉来到一个离森林最近的小镇，很多人正聚集在市场等一个走绳索的人的表演，查拉图斯特拉对众人说：

“你们应该做超人，人就应该不断超越自己，这是发展的潮流，你们总不希望自己返回兽类的状态吧？

“尽管很多人走过了兽到人的过程，但其本质还是只兽，即使是最聪明的，也只是植物和鬼怪的混合体！所以我要教你们做超人！做真正的人类！

“超人就是指大地，所以你们要忠实于大地，那些自以为可以超出大地之人不可轻信，无论是出于有意还是无意，他们都是有毒害的人。他们已经无药可救，大地也对他们生厌，所以随他们去吧！之前亵渎上帝是要受重罚的，既然上帝已死也就不存在这种罪状了。但是亵渎大地的惩罚也是与之同等的！

“灵魂总觉得肉体是粗鄙的，这种看法常被人所供奉，灵魂认为肉体应该瘦弱苍白，这样就能逃避肉体和大地。

“但灵魂本身就是瘦弱苍白的！它是多么偏爱冷酷啊！

“但是大家想想看，肉体又是怎么对待灵魂的呢？难道灵魂不是贫乏、污秽又自满的吗？

“人的一生常常充满污秽，要成为海，就要有海纳百川的勇气。

“什么是超人？就是大海，它能吸纳旁人的一切轻蔑和鄙视。

“真正伟大之事就是非凡的轻蔑，你们常会对自己的幸福感到厌恶，还有道德和理智。

“你们或许说，我们的幸福太平常了，贫乏、污秽又自满。但是，这就是我存在的标志啊！

“你们说，我的理智算什么，不是和狮子渴望食物一样吗？贫乏、污秽又自满。

“你们说，我的道德也不值一提，它难以激发自己热烈的情感，又对自己的善恶感到厌倦。道德也是贫乏、污秽又自满的！

“你们说，正义者应是烈火和木炭，而我从未觉得我的正义是烈火和木炭。

“你们说，怜悯是钉死爱世人者的十字架，但我的怜悯不应该是这样的十字架刑罚！

“你们这样哀叹过吗？我期望你们这样认为！

“这不是罪恶，而是在捶胸顿足中的节制，是你们向苍穹的忏悔！

“那些用舌头舔你们的闪电何在？那应当给你们注射的疯狂又何在？！

“超人就是那闪电，那疯狂！”

人群里有人喊道：“我们听够了走绳索的人的话，让我们来看看吧！”其他人都笑起来，而走绳索的人以为这就是在请他出场，他就开始表演了。

——《尼采文集》

119 我钟爱的超人

查拉图斯特拉看着那群人感到惊奇，于是他又说道：悬挂在深渊上介于兽类和超人之间的绳索，人类唯有走过去，才是安全的，频频回首或是踟蹰不前都是危险的。这正是人类的伟大和可爱之处，他是中间的桥梁而非最后的目的地，是跨越的过程。

我钟爱那些懂得享受过程的人，我钟爱那些非凡的轻蔑者，因为他们比常人更容易到达彼岸。我钟爱那些脚踏实地的人，殉身大地，期望大地为超人所有。我钟爱对知识充满渴望的人，他们以超人的出世为己任，真正在乎的是自己的完成。

我钟爱为超人建造住所的人，他们以为人和动物创造为己任，真正在乎的是追求自己的归宿。我钟爱珍视自己道德的人，因为道德是至高无上的人的荣耀。我钟爱那些将自己的精神无私奉献并转化为道德的人。

我钟爱将道德和志趣、人生合为一体的人，他们可以为了个人的道德不顾生死。我钟爱不贪图过多道德的人，一种道德往往较两种道德为更佳，因为前者更近于命运之结。我钟爱那些不吝于灵魂、不受谢、不致谢的人，他们热爱给予。我钟爱那些因为常赢骰子而感到不安的人，他们会疑惑自己是否作弊，因为他们不怕失败。

我钟爱那些寡言、有行动力的人，他们在乎的是自我的完成。我钟爱那期盼未来又原谅过去的人，他们愿为身边的人去死。我钟爱对上帝深爱又苛责的人，他们有勇气惹怒众神。我钟爱不担心失败、永葆赤子之心的人，对小事他们赴汤蹈火，仍能欣然地跨过那座桥。

我钟爱有充盈心灵与万物合一的人，他们早已是自然的一部分。我钟爱有自由灵魂的人，心是他人生的主导，他的人生是自我完成的目标。我钟爱像天空中落下的沉重雨点的人，匆忙而来，匆忙而去。我就是这样的一个雷电的预言者，雷电就是超人。

——《尼采文集》

120 提高你的沟通效率

告诉别人一件让人吃惊的事的诀窍是，尽量以平和的口吻，好像那件事情众所周知一样，这样对方才比较容易接受。

不然，对方会以为自己过于无知，然后将怒气发泄在告知者身上，拒绝接受本来可以接受的事。

这是一个极为有用的诀窍，甚至能关乎工作的成败。

——《曙光》

121 做自己的事

不乱评价别人，不轻易对别人下判断，不在人后说闲话。

少去想别人，这就是好人的做法。

——《曙光》

122 珍视自然性

人类和自然看似对立，但其实人类就是自然的一部分。因此，我们该珍视自己的自然性，这并非是强调社会性的人们口中对人性的扭曲，不必惭愧，它更不会与人性相抵。

——《快乐的知识》

123 做哪种人

有人因为赞许而害羞和谦虚，有人则沾沾自喜。

——《曙光》

124 伟人未必人格杰出

人们总是约定俗成地认为伟人一定人格杰出。但是，有些伟人可能还是迟迟长不大的孩子，因为这个特点使得他们留下丰功伟绩；有些伟人懂得适应潮流，调整自己；有些伟人是因为活在幻想和梦境中才显得特别。

——《快乐的知识》

125 独创者们

真正有独创性的人不在于行事多么古怪，哗众取宠，而是有一双神奇的眼睛，能发现别人感觉不到的新鲜事物，然后为它们命名。在命名之后，人们就发现世界诞生了新的事物。

——《快乐的知识》

126 领袖气质在于会隐藏

想让自己在他人眼中有领袖气质，有内涵，只要学会隐藏内心和情绪就好。因为人们通常会对看不透的事物感到敬畏，所以对池塘和沼泽，人们常感到恐惧，领袖也不过如此。

——《快乐的知识》

127 成长是体验与思考的结合

体验是成长的一部分，但仅仅有丰富的体验是不够的，还必须学会思考。只有这样才能从自己的体验中获取经验，学习知识，提升能力。

——《漂泊者及其影子》

128 要赢就赢得彻底

勉强的取胜不值得庆贺，赢就要赢得彻底，这样才能平息对方的不甘心，也不会使他们自责，而会诚心诚意地赞美你。让对手出丑，投机取巧地赢，或者让对方感到遗憾都不是好的赢法，赢就要赢得彻底。

——《人性的，太人性的》

129 成功的人善于伪装

成功的人看起来出类拔萃，运气好，能力强，什么事都比别人精明，那是因为他们善于把自己与常人无异的缺点和弱点都隐藏起来，变成一种长处。这样的前提促使他们了解自己的弱点和缺点，并将其回避和隐藏起来，这就是他们的不同之处。

——《漂泊者及其影子》

130 约定的信任

约定的重点是言语背后的信任。比如日常的约定“明天五点见”代表着两人之间的亲疏、信赖和彼此间的相互顾忌。短短的约定内涵如此丰富，简直可以称为人性的誓言了。

——《曙光》

131　事情“大小”谁来决定

人类真是神奇的生物，可以自由决定行为的“大小”，比如，人既可以“做大事情”，也会连“小事也没做成”。更令人难以置信的是，人类会后悔没做他们认为对的事情，并且认为它是件大事。他们会后悔，心想：如果我们做了那件事，情况将会改变。也是误以为他们能判断不做的行为的“大小”，甚至认为所谓的“大小”说的都是事实。他所做的小事，对别人来说可能是大事，反之亦然。简而言之，衡量过去行为的价值是没有意义的。

——《快乐的知识》

132　贵人相助

走在溪边的小路和桥梁上，我们有掉进河里的风险，所以在路边，这座桥会配有扶手。事实上，当意外出现时，扶手很可能和你一起掉进河里，并非万无一失的，但是扶手总能让你感到安全一些。

父母、老师、朋友如同扶手，能给我们的心灵带来安宁。虽然完全依靠他们可能无法摆脱困境，但他们是我们不可或缺的灵魂导师。

年轻人特别需要有人能够下意识地为他们扮演扶手。这倒不是因为年轻人太脆弱，而是希望他们可以更好地度过一生。

——《人性的，太人性的》

133 为梦想负责

我们为疏忽负责，为什么不为梦想负责?

这不是你的梦想吗? 不是你不停重复说想完成的吗? 你的梦想这么脆弱? 你的勇气是如此不值一提吗?

这难道不是你专属的梦想吗? 如果你从一开始就不打算为自己的梦想负责，那你将永远无法实现它们。

——《曙光》

134 大智若愚才会更受欢迎

只有足够的聪明是不行的，循序渐进也是必需的。

只有聪明的人不是很酷。他们很聪明，但是这顶帽子总是会被扣在“太年轻”的人的头上，被低估了重要性。“生锈”也是必需的。

大智若愚才会更受欢迎，也会得到别人更多的帮助，这样在应对人际关系上，比看似聪明更有利。

——《玩笑、欺骗与复仇》

135　人品不靠吹嘘

人品极为重要。人们赞同的并非某人的意见或主意，而是他的人品。

然而，人品并不能故意演绎。任你如何吹嘘自己的人品，都无法赢得他人的信赖。人们反而会赞同、信任那些做好事不留名的人。

——《快乐的知识》

136　力量才是真正的欲望

即使你给人以食宿、娱乐、饮食、营养和健康，人们也会觉得不快乐。

人们总是迫切地渴望力量。

——《曙光》

137　人性在细节

怎样去笑，将展现你的人性。例如，你是在嘲笑别人的失败，还是为有趣的事情而笑，抑或是为精巧的机智而笑？

笑声的深度，也可以表现出一个人的天性。

但是我们也不惧怕笑容。我们的本性也会通过别的方式表达。

人性变化，笑的方法也自然随之改变。

——《漂泊者及其影子》

138　精神的变体

让我来告诉你们精神的三种变形：精神如何变成骆驼，骆驼如何变成狮子，狮子最后又如何变成幼童。

有许多重担，需要心怀敬仰和宁静致远的精神来承担，因为无论多重的担子最终都会落在精神的肩上。

“什么是重担？”有担当的精神问道，然后如骆驼般屈膝承受了一切。

“还有什么是最沉重的负担？”有担当的精神问道，“全部让我来背，这样我的能量才能充分发挥。”

只有谦卑自制才能战胜傲慢，只有大智若愚才能战胜聪慧。还是说并不是这个意思？而是——

舍弃那唾手可得的胜利，登上高山之巅去挑战诱惑者？

为了真理，宁可让以知识之果为生的灵魂挨饿？

罹患疾病而拒绝安慰，并结交永远听不到你诉苦的聋子为友？

只要是真理之水，不管多脏多臭，也要义无反顾地跳进去，无论是美丽的青蛙还是丑陋的癞蛤蟆，一律包容接纳？

善待轻视我们的人，亲近畏惧我们的鬼怪？

有担当的精神将这一切重担背负在自己的身上，大步走向了它的荒漠，宛如一匹满载重物的骆驼。

就在这万籁俱寂的荒漠之中，第二种变形陡然而生。在这里，骆驼变成了狮子，它想争取自由，并成为荒漠的主宰。

在这里，它找寻最后的主人，它将对这最后的主人进行反抗，并最终对上帝进行反抗，它要与巨龙斗个天翻地覆。

谁才是精神不愿意归顺的主人？谁又是上帝的巨龙呢？它的名字是“你应当”（Thou-shalt），但狮子的精神在说“我想要”（I will）。

“你应当”盘踞在路中央，浑身闪耀着金光——它是一条长满金甲的巨龙，每一片鳞片都闪烁着“你应当”的光芒！

千百年来的价值凝聚在这些鳞片上，至高无上的巨龙的声音响起：“世间万物的一切价值皆在我的身上。一切价值都已被创造，这一切价值的总和就是我。所以，‘我想要’是不存在的。”

兄弟们，精神为何要变成狮子？有了那虚怀若谷而又承担重担走向远方的骆驼不就够了吗？

是的，狮子的确无法创造新的价值，但是，必须依靠它的力量，才能争取已经被创造出的自由。

我们要争取自由，并且严肃地否定“你应当……这是你的责任”这种说法。因此，兄弟们，我们需要狮子的精神。

我们要支配新的价值——这是精神最为艰巨的任务。事实上，对它来说，这是一种掠夺，一种弱肉强食。

它曾深深地热爱着那神圣的“你应当”，然而现在，为了从这份热爱中走出来，它不得不找出这神圣之中的荒谬与专横。为此，我们需要狮子。

但是，兄弟们，请回答我，为什么凶猛的狮子还要变成幼童呢？连狮子都无法做到的事，幼童如何能够做到？

幼童天真而又善忘，他所象征的是一个新生、一个游戏、一个自转的陀螺、一个稚拙的动作、一个神圣的肯定。

是的，兄弟们，为了创造的游戏，生命需要有一个神圣的肯定：此刻的精神，拥有了独立的意志，流放者又重新回到了属于自己的世界。这就是我要告诉你们精神的三种变形：精神如何变成骆驼，骆驼如何变成狮子，狮子又如何变成幼童。

查拉图斯特拉如是说道。那时的他，正身处一个名叫斑牛（The Pied Cow）的小镇上。

——《尼采文集》

139　踏实工作，宽以待人

那些竭尽全力工作，并获得相称成果的人，能以更宽广的胸怀对待同事和对手。

然而，做事不尽心，只是为了钱而工作的人，就会对对手充满怨恨。

玩世不恭的人常对他人怀有憎恨。

——《曙光》

140　自由是因为控制

易怒、神经质的人，性格就是如此，我相信他们的性格是不会改变的。因为我相信人类总是本性难移。

如果，愤怒只是出于冲动，可以控制。将愤怒表现出来，会给人一种不耐烦的印象。但你也可以换个方式来表达愤怒，也可以抑制怒气，等待它消退。

除了愤怒，心中涌动的其他感觉或者情绪也是如此。我们可以自行处理它们，像修剪花园里的花草，收获树木的果实一样。

——《曙光》

141 胆小的人最危险

畏首畏尾、唯唯诺诺的人更容易下手杀人。因为他们不知道如何正确地防守，也不会沉着地处理问题。除了杀死敌人，他们没有其他选择。

——《曙光》

142 真正生活自由的人

让别人丢脸是一种大恶的行为。

恶人总想让别人感到羞耻。偷窃、杀害都能够使他人感到羞耻。暴力自不必说，即使在小的争吵之后，他们也会使用语言侮辱对方。

行恶不仅让自己蒙羞，也会使情人、父母、朋友蒙羞，甚至令人自身感到羞耻。

所以，那些真正生活自由的人，已到达无论如何都不会让自己羞愧的程度。他们的自由也不会让别人蒙羞。

——《快乐的知识》

143 固执己见更容易被人反对

固执己见的程度越深，攻击你的人越多。

固执，一直隐藏着几个原因。例如，他们认为自己的见解与众不同，或是他们认为花了大量时间和多日劳苦想到好主意，想要获得回报，亦或是他们认为自己见解高深，值得骄傲。

许多人能直觉地感到固执是由以上几个原因造成的，所以反射性地产生厌恶。

——《人性的，太人性的》

144 多言者隐藏深

常在谈论自己的人，反而对自己的天性、真心和真实身份有所隐瞒。

这就是为什么人在说谎时比平常话多。这是因为，他们试图用无数单调乏味的信息来吸引对方的注意力，防止对方发现自己隐藏的东西。

——《善恶的彼岸》

145 改良思想比学习技术更重要

想要文章拥有饱含说服力的逻辑，只懂得写作技巧是不够的。

为了提高自己的表达力和文章深度，不仅需要吸收表达和写作技术，更需要提高自己的思维能力。

不懂这个道理的人缺少认知力，所以他们会局限在眼前的技术上，总也搞不清楚。

——《漂泊者及其影子》

146 恶劣条件下反而更能成长

参大大树的成长离不开暴风雨等恶劣的天气。

水稻完全成熟之前需要暴雨、台风、阳光和闪电。

在生活中，有各种各样的恶与毒。没有这些邪恶的毒药，人们的身体也就不能更强健、更健康。

在仇恨、嫉妒、顽固、贪婪、暴力等不利情况下，有许多障碍会让你心烦意乱，成为你烦恼的根源。但没有它们，人类不能变强。

这些邪恶的力量，给人以机会和胜利的希望，让人变得坚强。

——《快乐的知识》

147 不要相信利己者的话

利己主义者总是计算个人得失，计算是否能够获利。

他们总是认为重要的是离自己近的，轻视那些离自己远的。这是一种目光短浅的计算。

“距离”是利己主义者判断远近的标准。所以利己主义者考虑得不周密，也不顾及事实，他们的判断可以说是极其感性的。因此，利己者的判断是毫无根据的，不足为信。

——《快乐的知识》

148 不要迷信信念

热烈的感情产出的意见催生了观点和主张。

为了让别人都赞同自己的观点和主张，你总是局限在自己的意见、主义和主张中，最终它们逐渐硬化，变成被称为“信念”的东西。

有信念的人总被认为是伟大的，但这些人只是在看着他们的过去，他们的精神停留在那时，没有任何改变。松弛的精神创造了信念。

那时的观点必须不断新陈代谢，在时代的更改中回溯、重建。

——《人性的，太人性的》

149 多看他人长处

看别人应该集中于对方的特长。

总是盯着他人的缺点，这说明你的状态很糟糕。因为你想要通过观察其他人的缺点，来逃避自己愚蠢、不愿努力的事实，欺骗自己说："我的更好。"

最好不要和不喜欢看到别人优点的人亲密。你可能会立即成为和他一样低级的人。

——《善恶的彼岸》

150 打着谈论的幌子炫耀自我

一些妻子常以丈夫的地位作为自己的本钱，四处炫耀，还有的将孩子们的学校、宠物狗、花园里美丽的树木、城市的美景作为自己的优势。

政客和官僚，就会摆出一副掌控时代的姿态。大多数人会突显自己知道的东西，强调它们具有非常特殊的价值，以为自己知道的就是自己的。

他们似乎是在谈论事情和知识，其实是在炫耀自己和扩大强烈的占有欲。不仅如此，人类还尝试占有过去和未来。

——《曙光》

151 女人有时比男人更大胆和野蛮

人总以为，男人比女人更勇敢、更野蛮，但这仅仅是先天体质和行动带来的误会。

在报复和爱情上，女人比男人大胆得多。

——《善恶的彼岸》

152 急躁是魔鬼

相爱和战斗时，相互尊重时，其中的一个人总要承受很多麻烦。

那些人的共性是容易急躁。

那些人无论面对的是什么，事情还没有结束就做出紧急反应，做额外的动作，令感情破裂。因此，再普通的事情到他们的手中也会成为一个问题。

——《曙光》

153 别让人等

不提前声明，让人们等待，是糟糕的。这不仅是不礼貌的，不遵守约定的，而且还会让等待的人产生各种负面的推理并开始担忧，这种不愉快让人愤懑。

所以，迟到是一种极其不道德的行为，会在不经意间让人性变得邪恶。

——《人性的，太人性的》

154 伤害的客气

拒绝别人的感谢，会让对方感到侮辱。

——《曙光》

155 什么叫利己主义者

对他们有害的就是恶，有利的就是善—— 一些利己主义者如此判断善良和邪恶。

他们之所以是利己主义者，是因为他们坚信自己判断善良和邪恶的标准。如此野蛮的人，并不罕见。

——《曙光》

156 到人群中去

混迹在喧嚣的人群，去找众人的所在。

到人群中去，人群将使你成为一个更加圆滑的新生儿。

孤独，不是一件好事。寂寞会让你失望，寂寞会让人腐朽。去吧，走出房间，出门去！

——《狄奥尼索斯之歌》

157 物质的奴隶

一个人拥有金钱、舒适的住宅、健康和足够的食物，他将会自由独立地生活。

然而，如果上述情况过分饱和，会使人变成占有欲的奴隶。为了占有，花费更多的时间，即使休息的时间也被用于沟通，他们被组织操纵，甚至被国家束缚。

人们生活，不是为了更多不断的竞争。

——《各种意见与箴言》

158 人的特点：逆流而上

让一个有勇气的人采取行动，有一个诀窍：你告诉他那种行为非常危险而且充满困难，即使实际情况并不真的如此艰难危险。

一个有勇气的人会觉得，自己不采取行动，没有人会行动，因为那种行为太危险了。

人的特点是逆流而上。如果太简单，失败时就没有借口。挑战困难的事情，即使失败了，别人也会称赞你的勇气，至少会安慰你，你真有勇气！

——《善恶的彼岸》

159 善与恶

善与恶的观念有着两个来历：它首先来自于占统治地位的宗族和种姓的灵魂中。谁有足够的能力去惩罚恶人，报答善人，并且确实做到知恩图报和有仇必报，就被称为好人；而没有能力去进行报答和报复，就被看做坏人。好人属于“善的”群体，有公共意识，因为所有个人都通过报答和报复的意识彼此紧密地结合在一起，形成一个整体。

坏人属于“恶的”群体，他们是一群没有公共意识、卑躬屈膝的无能之辈。好人是一个种姓集团，坏人就像没有归宿的尘埃。好与坏在很长一段时间内等同于高贵与卑贱、主人与奴隶。相比之下，仇人却并不属于恶人，因为他有能力报答善人和报复恶人。在荷马那里，特洛伊人和希腊人都是好的。坏人指的不是那些加害于我们的人，而是那些卑贱渺小的人。在善的群体中，善是代代相传的，在这善的土壤中生长出来一个坏人是不可能的。

尽管如此，如果好人的群体中有人做出了不太地道的事，那就得找些说法了。比如，人们将责任推卸到神的身上，说是神让好人丧失了理智，变得疯狂起来。接下来，让我们来看看在受压迫者、无能者的心灵里，善恶的观念是怎么样的。

在这里，任何其他人，无论他是高贵的还是卑贱的，都被看作是敌对的、不管他人死活的、剥削的、残酷的、奸诈的。“恶”是一个表明特性的词，不仅用于人，甚至也用于人们所假定的任何活的存在物，例如神。人性的、神性的和魔鬼的、恶的，都被看作是一回事。至于善、乐于助人、同情等，则被惊恐地当做诡计，当作一个可怕结局的前奏，当作麻痹和蒙骗。一句话，当作披着羊皮的狼来看待。

有这样一种思想感情的人，几乎不可能形成一个集体，他们顶多形成一个粗糙而松散的联合体，因此，任何地方如果被这种善恶观念所占领，那么也就将面临个人和种族的沦陷。我们现在的道德就是从善恶观念的第一种来源——占统治地位的宗族、种姓的基础上发展起来的。

——《尼采文集》

160 慈悲的痛苦多于纯粹的痛苦

某些情况下慈悲比纯粹的痛苦还要痛苦。例如，当我们的朋友为可耻的事感到内疚，我们会比自己做可耻的事更痛苦，因为我们更相信他是无辜的。然后，也许是因为这个观点，我们对他的爱比他对自己的更热烈。与此同时，即便是他必须为他的过失承担责任，他的利益真的给我们的利己主义带来更大的痛苦，我们的非利己主义——这个词不要严格地去理解——能比他感到更多由过失带来的震动。

——《尼采文集》

161 善和爱

善与爱作为人与人之间交往中最神奇的灵丹妙药和最伟大的力量，是如此珍贵的创造，以至于人们会希望，这些镇痛剂能够最大限度地得到经济的利用，这是不可能的。善的经济学是乌托邦主义者做的梦中最大胆的一个。

——《尼采文集》

162 怀有感恩

某些事物虽小，但因其频繁发生而具有较大的影响力，相比于伟大却少见的事物，科学应给予它们更多关注，“善意”就应该算是其中的一个。我这里说的“善意”是指人际交往中良好情绪的表达、眼睛里的微笑、手与手的相握，以及所有常见的人类行为交织在一起的和谐。

教师和官员们都把这种人际交往中的“善意”当成一种义务，是人性不断实现的过程，仿佛一切事物在其中不断绽放着人性之光，尤其是在家庭内部这个最小的圈子中，生活只有通过这种善意才能幸福地延续。

发自内心的善良、友好、尊重是非利己主义的浪潮不断冲刷的结果，与之相对的是人们称之为同情、怜悯、献身的情感，后者诉说着它们对人类精神文明做出的巨大贡献。但是人们却低估了它们，事实上它们身上并没有多少非利己主义的影子。

但是，这些微不足道的点滴小事相加起来，总和是巨大的，拥有最强大的集体力量。同样，与忧伤比起来，人们会发现，世界上的幸福要多得多。当然，这需要以正确的估计为前提，而且不要忘记所有舒适、惬意的时刻，在这些时刻里，人们生活的每一天都是富有的，即使是生活最潦倒的人也不例外。

——《尼采文集》

163　怀有同情心

拉罗斯福哥在他那最有价值的自述（1658 年初版）中说得很有道理，他警告所有理智的人不要怀有同情心，让那些需要激情的平民百姓去怀有一颗同情心就好了（因为激情不是由理智决定的），这样做才能够帮助受苦的人，在不幸发生时可以有力量去加以干预。而同情，依照他（以及柏拉图）的判断，会使灵魂软弱无力。

当然，人们还是应当表达同情的，只是需要避免怀有同情心，因为那些不幸的人是如此愚钝，以至于在他们那里，同情的表达意味着世界上最大的善。如果人们没有把不幸者对同情的需求理解为愚钝和智力低下或是理解为不幸带来的一种精神错乱（拉罗斯福哥似乎就是这样理解的），而是将它理解为完全不同的东西，理解为一种更为可疑的东西，也许人们会更强烈地警告别人不要怀有同情心。

让我们观察一下小孩吧，他们整日啼哭，就是为了得到同情，所以他们终日等待着被人关注的那一刻。再让我们试着与病人和精神上受压抑者交往一下，问一问自己，他们发出的理直气壮的抱怨，对不幸遭遇的表现，从根本上讲是否想要达到伤害其他在场者的目的？在场者那时候所表达的同情，一定程度上是对弱者与受苦受难者的一种安慰，他们认识到，尽管他们有种种弱点，但至少还有一种力量——伤害的力量。

在场者对他表达的同情使他意识到一种优越感，获得了一种乐趣，从而平添了一丝自负，在使世界痛苦的这个问题上，他始终占据着重要地位。所以，对同情的渴望就是对自我享受的渴望，而且这种享受是以牺牲其他人作为代价的。这里突出的是那种只顾自己、全然不顾他人的人，但是并不仅限于拉罗斯福哥所说的“愚钝”的人。在社会交往的谈话中，在所有的提问和回答中，3/4 的提问和回答是为了给交谈者一点伤害，因此许多人才如此渴望社会交往，它使他们感觉到自身的力量。

同情就这样以其特有的恶意存在于人们的生活中，凝聚起点点滴滴的力量，强烈地促进了生命的发展，就像以同样方式通过人类世界传播的善意一样，是任何时候都有备无患的良药。但是，会有许多诚实的人提出，伤害也是良药吗？

由于大多数人都算不上诚实，有一些人又过于单纯，因此对这种羞于启齿的东西一无所知，于是他们就要否认普罗斯佩·梅里美所说的这句至理名言：“还要记住，为了取乐而做坏事简直是再常见不过了。”

——《尼采文集》

164 欺骗时那转瞬即逝的诚实

所有的大骗子都有一个非常重要的特点，在真正的欺骗行为中，尽管为了行骗他们已经做足了准备，声音、表情、姿态都在演戏，但是在真正打动人心的紧要关头，他们都相信自己的所作所为是真的。这种信仰是如此神奇，使得他们能够如此有征服力地对周围人说话。宗教的创建者们与那些大骗子们的区别就在于，他们始终处于这种自我欺骗的状态之中，或者他们极少有那种较为清醒的怀疑占上风的时刻，但是他们往往将这种较为清醒的时刻推给邪恶的对手，借此自我安慰。为了使某些人能够产生伟大的影响，自我欺骗必须存在。因为人们只信奉那些显而易见的真理。

——《尼采文集》

165 所谓的真理

有一个常见的错误结论：因为有人对我们真诚，所以他说的是真理。于是孩子会相信家长的判断，基督徒会相信教会创建者的断言。同时，人们也不想承认，他们在过去的几个世纪牺牲快乐和用生命捍卫的东西都是错的。有人会解释说，这是真理的几个阶段。其实，人们想表达的是，如果有人全身心地去信仰并为之付出生命，而信仰却是个错误，那就太不公平了。这样一件事就是对永恒的公正的背叛，所以敏感的人心总是反对他们头脑确定的原则——在道德行为和理性的洞察力之间的必要联系。但事实并非如此，因为永恒的正义并不存在。

——《尼采文集》

166 谎言的习惯

为什么人们习惯说真话——当然不是因为神的禁止。首先是便捷，因为圆一个谎言要求必须有好的记忆力，能编会造。其次是在简单的关系中，直接表达更能建立信誉。但如果一个孩子在复杂的家庭环境中成长，他也会自然地说谎，为自己的利益辩护。真实对他来说是完全陌生的，所以他对说谎的习惯没有愧疚可言。

——《尼采文集》

167 知识之于罪恶的胜利

人类基本上都是恶人，是堕落的人——对于想要变得更有智慧的人，曾经这样想过是好事——但是这种想法是错误的，正如相反的想法也是错误的一样。但是这种想法在每个时代都是占统治地位的思想，它在我们的内心之中根深蒂固。我们想要理解自身，就要理解它，而要有更高的发展，就得超越它。我们意识到，没有形而上学意义上的罪恶，但是也没有同样意义上的道德。整个道德观念的领域不断处于波动之中，因而各种善与恶、道德与不道德的观念才会此起彼伏。人们渴望新鲜事物，不过是渴望了解事物，他们很容易达到心灵的宁静，最多会由于无知，但却不会由于渴望而犯错误（或者像世人所说，犯罪）。他将不再想要否认或试图消除那些渴望，但是有一个目标在主导着他的行为，这就是无论何时都要努力地去认知，这个目标将使他冷静下来，不再疯狂。此外，他将摆脱大量折磨人的观念，当他再次听到“地狱的惩罚”“罪孽深重”“遭报应”等说法时，已经心如止水，只会在其中挑出错误的世界观、生活观的缥缈的影子。

——《尼采文集》

168 真实的谎言

人们可以承诺行动，但是不能依赖感觉，因为感觉不是有意识的。谁承诺了永远爱、永远恨、永远忠诚都是不可能的事。但是他也许能承诺这样的行动：这是爱、恨、忠诚的后果。但也许是其他原因，因为多种途径和动机会导致同样的结果。因此，保证永远爱的意思是只要我爱你，你就是我的真爱；如果我不爱你了，你还会继续收到同样的行为，无论是源于承诺还是其他动机。所以一些人认为爱仍然没有出现变化，仍在继续。所以，永远爱一个人只是承诺的爱的表面现象。

——《尼采文集》

169 复仇的欲望与复仇

将复仇的欲望付诸实施，意味着有一个短暂的热病。想要复仇却没有勇气和力量去实施，意味着有一种慢性疾病，要随身带着毒药。只问意图的道德对这两种情况的评价是相同的，人们通常以为前者更坏（由于报复行为可能产生不利后果）。两种情况都是目光短浅的做法。

——《尼采文集》

170 等或不等

等待是如此难以实现的能力，最伟大的诗人也不会在诗歌里重视不会等的主题。所以，莎士比亚创作了《奥赛罗》，索福克勒斯创作了《埃阿斯》，只要这些主人公还有时间平息情绪，正如神谕所言，他们就不必自杀。因为他们可能会对因受伤害的虚荣心的暗示不以为然，并且觉得，谁否认失败者也是一位英雄呢？

相反地，这只不过是一般人性的东西而已，埃阿斯可以这样安慰自己。激情不愿等待，伟大人物的生活中之所以充满了悲剧因素，往往不在于时代和他们自身，也不在于他们同恶人之间的冲突，而在于自己不能将他们的任务推迟一年或两年——他们不愿等待。

必须确定的一点是，在所有的决斗中，参加决斗的人是否还能等待：如果不能，这便是一场合乎情理的决斗，只要双方都对自己说："要么是我活下去，那么对方马上就得死，要么相反，他活我死。"在这样情况下，等待意味着荣誉将遭受更长时间的蹂躏，承受更长久的痛苦，这种痛苦可能比生命本身更沉重。

——《尼采文集》

171　猛烈狂躁者

面对一个猛烈狂躁的人，人们必须谨慎。像一个预谋杀死我们的人，我们仍然活着是因为他没有杀害的力量；假如眼神能杀人，我们早就死了。这是一种更残酷的文化，通过显示体力的强势，唤起了人们的恐惧，并且让人们保持沉默。主人看待仆人的冷酷目光，是野蛮的、古老的。

——《尼采文集》

172　不适时的诚实

有人有时会很诚实地对待动机，并且认真地评价别人。他先是不满，然后是怀疑，逐渐被谴责，并被宣布脱离社会保护，直到最后，法律也偶然生效来对待这个家伙。在该沉默的秘密面前发声，还总想看一些不一样的，只会经历牢狱之灾，甚至有生命危险。

神圣的淳朴的美德是为一个将被烧死的罪人奉上一捆柴火。

——《尼采文集》

173　道德的庇护

旁观者和行动者都喜欢以是否成功来判断行为道德。因为很少有动机是清晰简单的，甚至连记忆也会被成功迷惑，将其行为归咎于假动机行为本身。成功使得行为问心无愧，失败则反之。

政客实践也是如此道理，政治家认为："给我成功，我就是诚实的了。"——同样的方式，成功成了最充分的依据。即使是现在，很多有学识的人都认为基督教是对希腊哲学的胜利，证明前者才是真理。但其实，这只是粗暴者获得了胜利。

——《尼采文集》

174　帮凶

处决比谋杀更让我难受，这既是因为法官的无情和用刑的前期准备工作，也因为人们知道，这是一种吓唬人的工具。即使有过错，也并不是过错在受罚：过错在于教育者、父母和周围的人，这些是造成他行为的环境因素，而不是在受刑的凶手。

——《尼采文集》

175 希望的灾祸

潘多拉打开充满邪恶的盒子，这是上天赐予的礼物。从外表看，它是美丽的和有吸引力的礼物，被称为“幸运的盒子”。然后，所有的邪恶和生命都活蹦乱跳地跑了出来。从现在开始，他们四处走动，危害人类，只有唯一一种灾难始终留在盒子里，按照宙斯的要求，潘多拉合上了盖子。现在，人们总是在家里放一个幸运盒子，它为人们效力，他们向幸运盒提出要求；因为他们不知道，潘多拉的盒子里剩下的就是希望——因为宙斯要求，人类无论怎样都不能放弃生命，而是继续被灾难碾过一遍又一遍。他给人们以希望，希望实际上是最大的灾祸，因为它使人类的苦难一再重演。

——《尼采文集》

176 学会控制自己的情绪

我们的激情能否控制整个生命，取决于人们是否经历过震惊的场面，是否留下过深刻印象。例如，看见一个不公正的判决、死亡或被折磨的父亲，看见一个不忠的妻子，看到敌人残酷的攻击。没有人知道环境、同情、愤怒会将推动他到哪里，没有人知道他可以承受的能力。卑微的小细节造成卑微，不管好人还是坏人，其区别都是由经验累积起来的。

——《尼采文集》

177　胆小的烈士

在一个组织内，一个太胆小懦弱的人是不敢和其他人发生冲突的。人们让他做各种各样的事，对他来说，其他人的看法比自己的生死还重要。其他人都了解他，在已经提到的质的前提下，他已经是英雄了，最终甚至成为一名烈士。尽管胆怯的人的心一直在说“不”，但嘴上挂着的总是“是”，即使在法场，当他为组织死去时也一样。因为老同志就在他身边站着，用语言和眼神折磨他，使他用最令人满意的方式死去——今后他将作为一名烈士和伟人被传颂。

——《尼采文集》

178　关于动机

极端行为出于虚荣，中庸行为出于习惯，小题大做的行为出于恐惧。

——《尼采文集》

179 恶行与快乐

人总以为恶行和快乐无关，比如年轻人的放荡应该是出于不快，相反，受过热情和坏习惯酷刑的人，更期望心灵的平静和幸福。所以，也许两个有德行的人的行为是完全不同的。

苦行者是以德行制造困苦的人。

——《尼采文集》

180 虚荣的益处

不贪慕虚荣会使人类的精神变得贫穷！但它，就像一个货源供应充足的商场，吸引了各式各样的顾客：他们几乎可以找到一切，只要他们带足了赞美。

——《尼采文集》

181 不对等的思考

当一个有钱的人抢走了穷人的全部，可怜的人就以为富有者太卑劣，拿走了他仅剩的一点点东西。但是富人并不能那么深切感受个人财产的价值，因为他拥有得太多，所以他不可能用穷人的方式思考，他并不觉得自己做了那个可怜的人认为不公的事。

两个人的想法总是有出入的。历史上最让人愤怒的不公正，远没有想象得那么大。做一个有更高地位的至高人，一代一代地传下来的感觉，良心反而安宁。当我们和其他生物之间的区别很大时就不会感到不公平，例如，我们打死一只蚊子，并不会感到不安。

——《尼采文集》

182　虚荣的作用

表皮包裹着骨头、肉、内脏和血管，这使得人看起来不那么可怕。虚荣包裹着激情和骚动——它是心灵的表皮。

——《尼采文集》

183　关于德行

让德行休息才能更容光焕发地工作。

——《尼采文集》

184　耻辱

人总以为想到一些肮脏的东西自己就应该感到羞耻，其实思考和肮脏本身是两回事。

——《尼采文集》

185 虚荣人的判断

虚荣——我们如此重视他人的好评，首先是因为它对我们有用处，其次是因为我们想让别人高兴（孩子让父母高兴，学生让老师高兴，好心人让其他人高兴）。但是，在对某个人很重要的问题上，好评占据什么位置呢？在这里我们且不说利益问题或者他要让人高兴的想法，我们仅来谈一谈虚荣的问题。

在这种情况下，一个人要让自己高兴，是以牺牲其他人为代价的。他要么诱使他人对他形成一种错误评价，要么把目标对准了一种让其他人感觉更加难受的“好评”（通过引起嫉妒）。一个人的自我评价通常需要通过他人对他的评价来加以确认，并在自己面前使这种评价更加站得住脚，但是我们有一种几乎与人类的历史一样古老的习惯——倾向于服从权威，这使得许多人对自己的看法取决于权威，也就是说直接接纳他人对自己的既有评价——比起自己的判断力，他们更相信别人。

在虚荣者的世界里，自我中心的意识，追求快乐的欲望达到了某种程度，以至于他引诱别人对自己形成一种过高的错误评价，然后却又坚信别人的权威性。也就是说，他造成了错误的发生，然后又相信错误。因此，我们不得不承认，与其说虚荣者是在取悦他人，不如说他们是在取悦自己，他们这样做的时候甚至忽视了自己真正的优点，对他们来说，自身快乐的感觉才是唯一重要的东西。为此，他们挑起别人对自己的敌意、嫉妒和中伤也在所不惜。

——《尼采文集》

186 慈善的边界

自认为别人才是不好的人常因为对方的否认而怒火中烧。

——《尼采文集》

187 弱的权利

如果处于某些条件下的某种力量有正反两种选择，即可以向一个更强大的力量屈服，那么，相反的情形便是，他也可以自我毁灭。例如一座被包围的城市，它可以选择被烧毁，从而给包围它的强大者造成巨大损失。这样就产生了权利赖以建立的平等待遇。敌人拥有保留权利的优势。

在这一点上，也存在着奴隶和主人之间的权利，准确地说，是在这样的范围之内：保留奴隶对他的主人有用而且重要。权利原本就取决于一个人对另一个人而言的价值、重要、不可战胜等的程度。在这方面，弱者也有权利，不过小得多。因此就有了著名的“一个人有多大权力，就有多大权利”，或者更精确地说：“一个人被认为有多大权力，就有多大权利。”

——《尼采文集》

188　习惯的幸福

道德的来源是一种重要的快乐，它从农副产品、从习俗中来。对过去熟悉的事情，人们做起来更简单，做得会更优秀，也更喜欢做，因此，人们感到幸福。通过测试，这个经验、习惯性的东西是很有用的。一个可以陪着人们的生活习惯，对所有新的、还没有经受住考验的尝试来说，已经被证明是健康的、有好处的。因此，习惯是快乐和有用的组合。

——《尼采文集》

189　快乐与社会本能

在人与人交往的过程中，获得一种从自己那里得到的快感以外新的快乐，一般意义上的快感领域便扩大了。也许他现在的快感中，大部分是从动物那里遗传下来的，比如，动物在结伴玩耍时，尤其是母兽同幼崽玩耍时，明显感觉到快乐。再看一下性关系，它几乎使每个女人在男人那里都有了一种能带来快感的魅力，反过来的情况也一样。在与人交往的过程中得到的快感，总体上讲，可以使一个人向更好的方向发展。分享快乐得到的乐趣，使快乐本身得到了提升，带给个人安全感，使人善良，消除嫉妒和猜疑，因为人们自己感觉幸福，所以当别人也用同样的方式感觉幸福时他会相信。相似的快乐表情唤起了相同的感觉，即认为是相同事物的感觉。共同的痛苦、同样的恶劣天气、同样的危险、同样的敌人，都会产生同样的效果。最古老的联盟大概就是建立在这样基础上的：这种联盟有着共同的意识，即共同消除和防止一种有威胁的不快，对每个个体都有效。所以，社会的本能来源于快乐。

——《尼采文集》

190 神秘的羞耻

哪里有“禁忌”，哪里就有羞耻；但“禁忌”最早是一个宗教概念，在人类文化较早的时期，它有着很广的范围。那时候，封闭的区域随处可见，神有权禁止你入内，除非在特定的条件下。从空间上来讲，有些场所是外人不敢踏入半步的，他们走到附近都会感觉战栗和恐惧。这种感觉被多方面地移植到其他关系中，例如性关系，作为成年人的特权和秘密殿堂，未成年人是看都不能看一眼的，这是为他们好。有许多神是专门保护这些关系并维护其神圣性的，婚房的守护神就由他们充当（在土耳其语中这样的闺房叫“圣地”，和通常用来表示伊斯兰寺院前院的是同一个词）。所以，作为权力与光辉辐射中心的王权，对被统治者来说，就是一种神秘而廉耻的禁地，它的影响力至今在那些即使并非天性害羞的民族中仍然可以感觉到。同样，整个内心世界，所谓的“灵魂”，它在经历了无数时代，被当之无愧地认为是神的源头，是同神的交往之所在以后，甚至现在对所有非哲学家来说，也还是一种禁忌。因此，它是一个可以唤起廉耻感的神秘的殿堂。

——《尼采文集》

191 人总是好的

当天降大雨把我们淋成落汤鸡的时候，我们不会指责大自然是不道德的，那么为什么我们把造成损害的人说成是不道德的呢？因为在后一种情形中，我们设想了一种有独立判断能力的自由意志，而在前一种情况中，损害则被认为是必然的。但是这样的区分是不正确的。故意伤害即使在任何情况下，我们都将其称为不道德。有两种情况：人们毫不在意地打死一只蚊子，就因为我们不喜欢它嗡嗡叫；我们为了保护我们自己和这个社会，故意惩罚罪犯，让他感觉到痛苦。第一种情况，是个人为了自我保护或者消除不快而故意做出了伤害，而第二种情况，做出伤害的主体是国家。所有道德都认为为了自卫而进行故意伤害是可行的，也就是说事关自我保护！这两种观点足以解释人类对同类做出的所有恶行：人们要得到快乐，或者防止不快，从任何一种意义上来说，都和自我保护有关。正如苏格拉底和柏拉图所说：人无论做什么，他总是在做善事，也就是说，他做的事情总是在他的智力水平之下，根据他的理性程度来看似乎是善的（有用的）事情。

——《尼采文集》

192　恶中无害

恶的目的不在于让他人痛苦，而在于让自己快乐，比如复仇的快感或者更加强烈的神经兴奋那一类的快乐。任何欺负人的行为都表明，向他人耍威风，并由此而感觉自己拥有优势，满心欢喜，是何等快活！那么，不道德的因素就在于把自己的快乐建立在别人的痛苦上吗？幸灾乐祸的感觉就像叔本华所说的犹如恶魔一般吗？现在，我们在自然中通过折断树枝，松动石头，同野兽搏斗让自己快乐，也让我们意识到自己的力量。

我们本来感觉不需要对其负责的事情，会因为别人使我们受苦而变得不道德吗？但是如果有人不知道这一点，那么他就不会因此产生优越感，因为这种优越感只有在别人的痛苦中才会体现出来，就像欺负别人那样。所有快乐本身都无关善恶，谁规定人们想要得到快乐本身就要引起别人的不快呢？单从功利的观点，从结果的角度，从受伤害的痛苦或因为国家的需要进行惩罚而可能发生的不快来看，只有这样才能找到让自己不那样做的理由。

如前所述，恶不以他人的痛苦本身为目的，同样，同情也不以他人的快乐为目的。因为同情在自身中至少藏着两个（也许更多）能使个体快乐的因素，因此同情是一种自我享乐。首先，作为情绪的快乐，这种快乐以悲剧中的同情为代表；其次，在把同情诉诸行动时，看到同情的威力得以发挥而得到满足的快乐。此外，如果一个受苦者近在咫尺，那么我们就通过做出充满同情的行为使自己解脱痛苦。除了少数哲学家以外，人们总是在道德的等级中将同情置于相当低的地位上，这很有道理。

——《尼采文集》

193 道德自卫

如果人们通常认为自卫行为是合乎道德的，那么他们就必须承认所谓不道德的利己主义的表现也都合乎道德。人们抢劫或杀人，制造了痛苦，是为了保存自己或保护自己免遭不幸；当狡诈和装假是自我保存的正当手段时，人们就说谎。当事关我们的生命和安全（保存我们的幸福）时，故意伤害被承认为合乎道德。按照这个观点，国家在实施处罚的时候，其实也造成了伤害。

在非故意伤害中，当然就不存在不道德因素，因为是偶然性在起作用。究竟有没有一种故意伤害不是为了保护我们的存在、和幸福呢？有没有一种纯粹出于恶的伤害，例如像在残酷的行为中那样？如果人们不知道一种行为造成的痛苦有多大，那么它就不是恶的行为。所以孩子对动物不是恶意的，因为他们像对自己的玩具一样研究动物。

但是人们充分了解一种行为对他人造成的痛苦有多大吗？我们尽我们神经系统的能力使人避免痛苦。如果能力继续扩大，就是说，扩展到同胞身上，那么我们就不会给任何人造成痛苦（除非在这样的情况下，我们给自己造成痛苦，为了治疗而开刀，为了健康而吃苦耐劳）。我们通过类推得出结论：某事物给某人带来了痛苦，经过回忆与想象力的作用，它就会让我们感到厌烦。

可是，牙痛和牙痛的样子引起痛苦（同情）之间始终存在区别吗？纯粹出于所谓的恶带来的痛苦，其程度是我们在任何情况下都无从知晓的，但是只要这种行为能带来快感（自己的力量感，自己强烈的兴奋感），这些用以维护自身幸福的行为就会发生，并与类似的观点，如自卫、应付人的谎言没什么两样。没有快乐就没有生命，为快乐而进行的斗争就是为生命而进行的斗争。人们用某种方式进行这场斗争，被称之为善，或者用另一种方式进行这场斗争，被称之为恶，这是由他的智商决定的。

——《人性的，太人性的》

194 行赏的正义

一个人如果能够充分理解关于不负任何责任的理论，他就绝不会再把赏罚的正义归入正义的概念里了，搞不好这种正义意味着把自己的东西拱手让人。因为受罚的人不该罚，他只是杀鸡给猴看的牺牲品；受赏的人同样不该赏，因为他只是做了他不得不做的事而已。

——《尼采文集》

195 无辜的责任人

如果认知者已经习惯于在责任和义务中看到其人性的特殊光辉，那么他必须吞下最苦的一味药，就是人对他的行动和本质不负任何责任。他的全部评价、全部好恶因此变得一文不值，他给予受苦者、给予英雄的最深厚的感情，竟然是以一个错误为出发点的，他不可以再赞美、再谴责。因为无论是赞美自然还是谴责自然，都是十分愚蠢的。比如说，他爱好精美的艺术品，但是不赞美它，因为它不能独自做任何事情，这就好像他是站在植物面前一样。同样，他必须面对的是人的行为，必须面对的是他自己。

他可以赞美这些有力、有美感、丰富多彩的行为，但是不许在其中得到任何功绩。元素的化学反应过程，渴望康复的病人的痛苦，就像那种内心挣扎和苦恼一样，都不是功绩。人们在那些内心挣扎和苦恼中被各种动机来回撕扯，直到他们最后如人们所说，选择了最为强大的那种（实际上是最强大的动机对我们的问题做出回应）。不过尽管我们给了所有这些动机冠冕堂皇的理由，却不能改变它们来自于那藏着剧毒的根的事实，善与恶没有质的区别，最多只有程度的区别。

善行只不过是恶行的高级形式，恶行也只不过是使善行变得野蛮粗暴而已。人们会在任何情况下去满足他们对自我享乐这一唯一要求（以及它会丧失的担心），人可以做他能够做的任何事，也就是说，做他必须做的任何事，无论是虚荣、复仇、快乐、有意义、恶意、狡诈的行为，还是牺牲、同情、求知的行为。决定一个人被这些要求拽向何方的是个人的判断能力。每个社会、每个个体总是会构建起一个善的等级顺序，按照这个顺序，他决定自己的行为，并评价他人的行为。

但是这个善行的尺度是不断变化的，许多被称为恶的行为，其实不过是愚蠢罢了，究其原因只不过是做出行为决定的大脑智力水平较低。是的，从某种意义上讲，可以说现在的所有行为都是愚蠢的，因为人类目前的智力高度总会被超越，然后回过头来看，我们所有的行动和判断都将显得如此鲁莽，就像我们现在认为那些原始部落的行为非常鲁莽一样。看清这一切会带来类似分娩的那种深深的痛苦，因为在痛苦过后又会产生一种安慰。

蝴蝶想要破茧而出，必须撕扯着茧子，将它撕破。陌生的阳光、自由的天地，使它感到头晕目眩。有一些能够承受这种破茧的痛苦的人——这样的人将会变得那么少——做出了最初的尝试，看看人类是否能从道德的人变成明智的人。新福音的太阳将其最初的光芒投射到那些人灵魂的最深处，在那里，云雾前所未有地集结着，最明亮的光辉和最阴暗的迷雾交织在一起。

——《尼采文集》

Part - ❻

自由的精神，活出独立的人格

自由是尼采人生价值理想的最高境界。尼采所说的自由是人的生存实践所达到的能够自我肯定、自我超越的，为自己的生存赋予特定意义的人生境界。这样一种自由是生存的自由、生命的自由。自由意味着对“目的”的超越、对善恶的超越，意味着自创价值、自拟善恶。在尼采看来，真正的人生就是“超人”“自由”，是生命的喷发，是自我的肯定和超越。

196　坚守自我的原则

这个愉快的开始后，人们可能想听到些官方的话，因为官方的话才能让自称的正经者满意。当心这些哲学家和有知识的朋友，注意洁身自好，不要被同化。这些损害无辜和优雅的中立，会使你听不进反对意见，容易生气。这在危险、诽谤、猜忌以及对抗的时候，会使你变得疯狂、残暴。

——《尼采谈自由与偏见》

197　哲学家的由来

每一个优秀的人都会本能地寻求庇护和隐居处，在那里他可以摆脱大多数人——忘记“人”的规则，做一个例外。但不包括以下几种情况：以更强烈的本能直接到人群之中去，以最伟大和杰出的身份出现在别人面前。不管他是谁，当与人打交道时，如果不偶尔感到恶心、无聊、同情、挫折和团结，痛苦的脸色时而青时而白，那么他就不是一个有趣的、高尚的人。

然而，如果他不主动挑起重担，也不讨厌自己，如果他坚持要避免这种情况，就像我刚刚说的，安静地、骄傲地待在避难所，有一件事是肯定的：他不是也不可能成为有学识的人。

——《尼采谈自由与偏见》

198　犬儒者

犬儒主义者只承认兽性，只承认平庸的东西，只承认他们内心的“准则”。与此同时，他们双脚离地，敏感而易激动，喜欢在人前谈论自己和他们的同类——他们有时沉迷于书本中，犹如在自己的粪堆上打滚一般。犬儒主义是卑贱的人走向诚实的唯一出路，层次高的人应当好好听听犬儒主义者讲的所有难听或好听的话，应为粗鲁的人在自己面前表现出的不知羞耻，或为具有科学头脑的人开口说话而暗自庆幸。

——《尼采谈自由与偏见》

199　愤怒者是最大的说谎者

人格不甚高雅的人却往往有优秀的理解能力，这种情况不罕见，尤其是医生和有良好行为举止的生理学家。每当有人很无知地谈论人类，认为饥饿、性欲和虚荣是人类行为的仅有真正动机时，每当有人“诽谤”人类时，爱知识的人应该倾听，不要发怒。因为那些含着怒气的人不清醒，当然，在精神上，他们比沉迷于性和自满者看得更远，然而换个角度而言，他是最平凡、最普通、最令人振奋的。愤怒者，是最大的说谎者。

——《尼采谈自由与偏见》

200　别总渴望被理解

让别人了解自己是非常困难的。尤其是自己喜欢快速地思考和生活，而其他人则爱龟速前进的时候。我想真诚地感谢一些人，他们总是试图对我做出解释。对他们来说，应该给予机会，允许他们误解。自己则因此仍在大笑，或是完全不当回事，也不在乎这些朋友怎么想。

——《尼采谈自由与偏见》

201　语言风格的节奏

一种语言被翻译成另一种语言，最难表达的是语言风格的节奏。语言风格的节奏是由本民族的特性决定的。有些翻译工作者想要忠于原文，追求通俗却几乎扭曲了原文。因为原文活泼愉快的节奏是难以用语言表达的。

——《尼采谈自由与偏见》

202 德国风味

德国人说话速度通常不快，由此可以推断德国人几乎不可能理解自由奔放、放荡不羁的最有趣、最激烈的微妙之处。与德国人格格不入的作品，比如阿里斯托芬和佩特罗尼乌斯的作品，无法通过翻译介绍给德国。反而是沉重、笨手笨脚的东西，以及冗长又无聊的风格容易被德国人接受并发扬光大——我敢说，甚至是歌德的僵硬和优雅的混合散文也不例外。

——《尼采谈自由与偏见》

203 马基雅维利的速度

马基雅维利在其《君主论》中，带领我们呼吸到了佛罗伦萨干燥而纯净的空气。在该书中，作者以最轻松愉快的方式表达了最重要的事情，或许是与艺术家特有的腹黑对比，以骏马奔驰般的冲劲，以最为精妙、放纵的幽默感，表述了那些冗长、沉重、难以理解而又危险的思想。谁又胆敢用德文翻译佩特罗尼乌斯的作品呢？在题材选择、思想和词语方面，佩特罗尼乌斯比迄今为止任何伟大的音乐家，都更像一位大师。他那如风一般的双足，像风那样急速奔跑、呼吸，毫无顾虑地表达轻蔑，使一切东西都随之跑动起来，从而使一切都健康向上。

——《尼采谈自由与偏见》

204 独立的人都是强者

保持独立是强者才有的特权。任何试图保持独立的人，即便是最有权力这样做的人，只要不是被迫去这样做，也都证明他不仅是强者，而且还有无比大的胆量。他进入了一座迷宫，顶着若干倍的风险，他知道自己会变得无助，被一个有良知的怪物扯碎。如果这样的一个人失败了，他的不幸将远远超出人们的认识，人们不会觉得他不幸也不会同情他。他不能回去！更不能得到同情！

——《尼采谈自由与偏见》

205 提升自我的修为

我们内心的直觉，说给那些气质上和本性上接受不了的人听，肯定会被认为是愚蠢的，在某些情况下甚至会被认为是一种犯罪。按照哲学家以前的划分，宗教信徒有显和秘两种。两者在印度人中正如在希腊人、波斯人和穆斯林中一样。总之，相信等级的差异而非相信平等的人——对于显教教徒并不那么对立。他们完全用旁观者的角度进行观察、评估、测量和判断。

更明显的区别是，显教教徒从下面往上看东西，秘教教徒从上到下看待事物。在某些精神层面上，悲剧本身已不再像是一场悲剧。当痛苦都聚集起来，谁能肯定他见到这些必然会心生同情，使疼痛翻了一番？更高级别的滋补剂对较低的阶级可能是毒品。哲学家们可能觉得普通人的美德是邪恶和软弱。人们认为高度发达的人即便堕落毁灭，也可以靠自身培养出优秀的品质。

——《尼采谈自由与偏见》

206　慢慢年轻，慢慢老去

年轻的时候，我们只知道尊重和轻视，还不知道表达细腻感情的艺术，掌握这门艺术才是生命最大的收获。

年轻的情绪常是饱满的、躁动的，恰好能发泄在那些被歪曲的人和事上。年轻就是不断地扭曲真相，让人上当。后来，幻想破灭了，年轻的心灵被折磨，开始怀疑自己。然而，即使良知被这样的怀疑和悔恨，也还有激情，狂暴易怒。

谴责自己，不耐烦地咬自己，对自己的长期自我欺骗进行报复，都是年轻的头脑的错！在这种转变中，我们以不相信自己来惩罚自己；用怀疑消耗自己的热情与怀疑，甚至觉得问心无愧是危险的，它是自我掩饰。特别是有些人会特意去做些反对“年轻”的职业，但十年后开始逐渐认识到，这都是因为年轻！

——《尼采谈自由与偏见》

207　行为价值判断的变迁

史前时代是人类历史上最长的时期。一种行为的价值推断是基于其后果，必须考虑行为本身和原因。但孩子的荣辱对父母的影响说明成功或是失败仍然存在着反作用力，这鼓励人们去认识某一行为的好坏，且称这段时间为人类的道德前时期，人们那时还不知道“认识你自己”。另一方面，在过去的一万年中，地球上广阔的地区，人们已经走了很远，不再允许以一个行为的后果，而是以其起因来确定价值。

总体来说，这真是一个了不起的成就，是伟大的进步，是优越的贵族价值观、“起因”信仰所带来的。这一时期在狭义上叫道德时期，因为这是人们第一次试着去了解自己。不是结果，而是原因，多么巨大的改变！改变的实现无疑经过长期的斗争！不祥的、新的迷信，狭隘地解释享有了至高无上的权威。行为的原因是清晰的，大家一致认为，行为的价值在于意图。

——《尼采谈自由与偏见》

208　警惕别人无意的关切

我想说：你必须无情地要求人们为他人牺牲、自我牺牲的道德作出解释和判断，就像对美学公正思考的阐释和判断。在这种审美语境下，今天的艺术正积极地努力创造，阉割自己问心无愧的心态。“为他”和“不为自己的”感觉太有魅力，以至没有太重的疑心，他也许会立即问道：“会不会是假的？”他们取悦了有感情的人。这很难成为支持的论据，但是它能提醒人们注意，因此还是小心为好！

——《尼采谈自由与偏见》

209　强力的意志

“意志”当然只会对“意志”起作用，而不会对“物质”起作用。简单来说，我们必须试着猜测，在经过辨别出现了某些结果的地方，意志作用的对象是否不仅仅是意志——在力的作用下，全部机械运动是否有一部分是意志的力量、意志的结果。最后，假定能把我们的全部本能活动解释为一种基本意志的发展和衍生，假定一切有机功能都可追溯至这种基本意志，解决生殖和营养问题的方法也可在这种意志中找到，那么便有理由把全部作用力明确定义为强力意志。从内部世界来看，根据其“悟知性格”界定和命名的世界，只能是“强力意志”，而别无他物。

——《尼采文集》

210　道德的限度

谁也不会相信有某种理论可以指引幸福或高尚的品德。“唯心主义”不同，除了对真、善、美充满热情外，他们还热衷于将各种各样的庸俗、恶意、理想的东西摆在面前。幸福和美德不是证据，甚至富有思想的人也常会忘记。有一件事可能是真的，虽然这在很大程度上是有害的和危险的。

事实上，存在的本质可能如此，人们充分理解它付出被压垮的代价，因此心灵的力量可以用忍受大量的“真理”来衡量，也可以被用来稀释、掩盖、美化和扭曲真相的程度来衡量。但毫无疑问，发现某种真相，道德败坏者和不幸者在一个比我们更有利的位置上，更有可能成功，更不用说道德败坏的幸福——道德家拒绝谈论这样的人。

——《尼采文集》

211　哲学家的品质

严苛、狡猾对想要培养坚强、独立精神的哲学家来说，比整日忙碌在实验室的学者们宝贵的、温柔的、冷静的品质更可贵。假设“哲学家”一词不是指一定要著书立说，斯丹达尔描绘的是不受限制的哲学家最重要的特征，考虑到德国的风格，我将突出这个特征，因为这与德国的风格相反。斯丹达尔说过：“成为一个优秀的哲学家，要无情、犀利，不存幻想。有钱的银行家，就具有做出哲学发现，即看清存在物所需的部分品质。”

——《尼采文集》

212　独立吧

我们必须要考验自己是否足以掌控一些事情，但做这个试验的时间也要恰当。不要逃避，虽然它是一个最危险的游戏，最终还是自我面对，而不是由其他法官判断。不依赖任何人，即使是最心爱的人；不贪图任何同情，即使是更高层次的人们，我们知道他们所经历过的折磨和无助；不迷信任何科学的辅助，哪怕它能为我们提供多么便利的机会。

不要迷恋着解放，不迷恋鸟儿为满足感官享受追求广阔的空间。飞是为了看到更多身体下面的风景——飞得太高反而很危险。不执着于自己的美德，不要仅仅为了践行某一美德而牺牲人生。比如，崇尚“慷慨”的富翁，将这种美德推向极致就会成为罪恶。我们必须知道如何保护自己，这是最好的测试独立的方式。

——《尼采文集》

213　公共的哲学

新兴的哲学家们，我冒昧地给他们起了个名字。根据我的理解，他们允许他人的理解，他们希望保持自己的神秘感。未来这些哲学家们认为应该叫自己“诱惑”，可能是正确的，也可能是错误的。这个名字本身只是一种尝试，还不如说是一种诱惑。

这些未来的哲学家们能参悟到“真理”吗？或许吧，因为到目前为止所有哲学家都热爱真理，但他们也不能成为独断者。他们的骄傲和乐趣，当然不是自己的哲学——而是每个个体的哲学，这到目前为止是所有的教条主义哲学家们的内在希望和终极目标。“我的观点是我自己的观点，别人无权欣赏。”未来的哲学家们会说。

在观点一致的时候，我们必须放弃许多态度。别人拥有的“利益”，将不再是利益，更不要说“公益”！这个词的悖论在于可以有相同之处，但相同值总是非常小。最后，事情必须恢复到原来的模样——伟大的事情将会保持它的伟大，不可预料的事情都会保持其微妙。简而言之，所有难得的事情将保留其罕见的品质。

——《尼采文集》

214 新兴的哲学家们

上面所说的这些，我可能会不用说，这些未来的哲学家们将会有自由的精神。不只这些，或许还有别的、从根本上不同的事情，我希望这不会被误解。但当我说这番话时，我觉得我有义务为他们和我们自己除掉一个愚蠢的老偏见。这样的偏见和误解，像一层雾，使“自由精神”的概念一直模糊不清。

在欧洲和美国常有一个名称被滥用，他们是一群非常狭隘、持有偏见却被束缚的人，希望得到和我们的意愿、本能相反的东西，因此更不用说新兴的哲学家们，他们绝对是闭塞又无知的。

他们并不孤单，不是一种个人内在感觉的孤独，他们是正直而诚实，不缺勇气也不乏光明磊落的人。他们缺少自由又浅薄，特别是将几乎所有人类的苦难和失败都归为社会存在形式的问题，这一概念真是完全颠覆真相！他们想要生活中的每个人都被保护，过得安全、舒适，他们最常提到的两首歌和教义是“平等权利”和“同情所有痛苦的人”，痛苦是他们完全嗤之以鼻的。

——《尼采文集》

215 善与恶的彼岸

“善恶的彼岸”的寓意又是如何呢？我们永远也不会是“自由思想家”，也不是“现代思想”的拥护者。我们已经很熟悉，或者至少已经参与主体的精神境界，一次又一次地逃开黑暗和舒适的避难所，偏好与偏见、青年时代、出生地，遇到的人和读的书或是旅行的疲劳将我们禁锢在这些避难所里，我们充满怨恨，抵制藏在荣誉、金钱、地位或感官幸福中的诱惑。即使是变化无常的心的痛苦和疾病也值得感激，因为他们总是摆脱一种习惯，摆脱它的“偏见”，感谢上帝在我们心里，我们面对魔鬼、绵羊、虫豸。我们太爱打听别人的事，探索残忍的事情，毫不犹豫地用你的手指去探索无形的东西，我们的牙齿和胃处理最难以消化的东西。多余的“自由意志”已经准备好做任何需要使用独创性和敏锐感官的事情，准备迎接各种各样的历险。

——《善恶的彼岸》

216 天生的高贵者

什么是高贵？现在高贵这个词还有意义吗？高贵的人们表达自己的方式是什么？在未知的黑暗阴霾的天空下如何识别一个高尚的人？确信其高贵的地位而不是因为行动——行动总是模棱两可、难以揣摩的。今天，在艺术家和学者中会发现许多这样的人，这些人通过他们的行为暴露出他们内心深处对高尚的渴望。

然而，这与高尚灵魂本身的需要有根本上的不同，实际上它是一个缺乏高尚灵魂的标志，清晰且危险。高贵的灵魂在这里有一个新的更深刻的意义，借助古老的宗教语言，我们断定，对等级起着决定性作用的不是一种行为，而是信念。灵魂高尚者具有某种肯定自己的基本能力，这是一个不能去追求、不能被发现，也可能丢不掉的事。具有高贵灵魂的人是那些懂得尊敬自己的人。

——《尼采文集》

217 来自隐居者的风

在隐士的作品中，人们总感到狂野的呼啸，孤独的低语和胆小的警觉，他最激烈的言论，即使在他哭的时候，也会发出一个新的、更危险的寂静之声。他日日夜夜孤独，坐在那里一年又一年，灵魂陷入冲突和对话之中，他已经变成一只洞穴里的熊，变成保护宝藏的守宝人和洞穴里的龙——既可能是一座迷宫，也可能是一座金矿。他们的思想有黄昏的香气和泥土味，无法与人沟通，像是每个身处在寒风之中的路人。

——《尼采文集》

218 哲学的表面和表面的哲学

隐士不觉得哲学家——如果哲学家的前提身份是隐士的话——在书中陈述了个人的最终看法，写一本书不正是为了掩盖我们的内心吗？他甚至怀疑哲学家的观点是否具有所谓“最终”的看法，怀疑在每个洞穴后是否有一个更深的洞穴，除了表明是否有更广泛、更带有异国情调的、更丰富的世界外，在每一个底部的“基础”之下是否还有一个深渊。

每一种哲学都是表面的。一个隐居者下结论说：“哲学家突然停下，转身环顾四周，任意在这里铲一下，不再深度挖掘，有某种随机性—— 一些可疑的事。”每一种哲学都隐藏着另一种哲学，每个视点都是一个藏身之处，每一个字都是一个面具。

每一个深刻的思想家更担心的是被理解，而不是被误解。后者可能伤害了他的虚荣心，但前者会伤害他的灵魂、怜悯心，他的心总是说：“哦，你怎么能和我受的苦一样？”

——《尼采文集》

219　自欺的问心无愧

人是复杂的、爱说谎的狡猾动物，最让其他动物担忧的是人类的狡诈和智慧，而不是他的力量。人用问心无愧的方式使灵魂变成简单的享受。因此，道德是一个长期的、厚颜无耻的欺诈行为，它借此可以看到灵魂的享受。从这个意义上看，“狡诈”的概念可能含有更多的内容。

——《尼采文集》

220 哲学家是什么人

哲学家是不断经历、感知不寻常，并且幻想发生更多不寻常的人，他认为自己的思维是一个特殊的东西，像闪电，来自外面、下面或者上面，他也许是一场孕育着闪电的暴风雨，对外界具有重大影响，他周围的声音不绝于耳。哲学家就是这样的人，他逃离自己——在逃离中又被好奇心驱使着“恢复自制”。

——《尼采文集》

221 矫情的痛苦

对痛苦的过分强调几乎占据了整个欧洲，对痛苦的崇拜令人反感，不可抗拒的唠叨、柔弱，这种唠叨和柔弱在宗教和哲学的谬论帮助下，反而把自己表现成一种优越的东西。在我看来，这些幻想家的“同情”没有男子汉气概，我们必须坚决、彻底地抵制这种低级趣味。最后，我希望所有人都能把“快乐科学”的护身符挂在脖子上，保护自己远离那种坏品味的影响。

——《尼采文集》

222 尽情欢笑吧

奥林匹斯山的诸神们有个坏习惯—— 一个真正的英国哲学家试图在思想家面前诽谤欢笑，他说：“笑是人性的一大缺点，每一个善于思考的人应该努力加以克服。”（霍布斯语）——我却愿意将笑的质量作为哲学家评级的标准——最高的一流哲学家能发出响亮的笑声。如果神也会哲学思考（因为很多原因，我坚信这点），那么我肯定，他们知道怎样去笑，用超人独特的新方法——尽管严肃的事情将会被破坏。神喜欢嘲笑，甚至连神圣的东西也不放过。

——《尼采文集》

223 守护你的心灵

心灵的守护神，强迫每个大声发声的、自负的人沉默，关心照顾他们，治愈灵魂的横冲直撞，让他们体验到一种想要平静的渴望。像一面镜子，映出天空。心灵的守护神，教会你怎么停下笨拙匆忙的手，如何巧妙地掌握事物。他可以嗅出隐藏的和被遗忘的宝藏，能嗅出厚厚的冰雪下不易觉察的善和精神，可以发现长埋在泥沙中的每一粒黄金。

守护神让每一个人都感觉充实，不是因为偏爱或惊吓，不为别人的好事感到幸福或沮丧，而是完全出自于自身，像是拂面的春风，融化了冰雪。觉得更不确定，也许更敏感、更脆弱、更容易被伤害，但内心充满希望，充满了新的斗志和善意……

——《尼采文集》

224 酒神的哲学

朋友，你是不是已经猜到这个心灵守护神了呢？因为，和每个从童年起就在奔波的人一样，我也遇到过许多奇怪危险的人。但是，一次又一次遇到的就是刚谈到的——酒神狄俄尼索斯，那个伟大又支吾的诱惑者。

就像你知道的，我满怀尊重地偷偷把第一批果实奉献给他——我是最后一个敬拜他的人，我是这么认为的。因为我还没有发现有谁能明白我在做什么。然而，与此同时，我也获得了他哲学的真传，正如我说的那样，我赏赐狄俄尼索斯最后的门徒。

朋友，也许我可以和你分享这种哲学的精髓，教这门哲学要低声才行，因为这门哲学是让人难以理解的、陌生的、精彩的、不同寻常的东西。狄俄尼索斯是一个哲学家，其他的众神也是哲学爱好者吗？这是个疑问，在哲学家之中也会有争议。

我的朋友们，你们之中只有少数人反对，但事实来迟了且不合时宜，因为我觉得你不愿意相信上帝和神。或许，我应该更坦率地说，甚至有些不礼貌。事实上，酒神的确在下面的对话中走出了超过我的许多步。

根据人类的习惯，我应该授予他无聊的荣誉称号，赞美他的勇气、真诚、智慧和热忱。酒神不知怎么处理这些虚名，他或许会说：“这些还是留给像你这种需要的人吧，我不用，因为我赤裸着身体！”人们认为神和哲学家缺乏羞耻！他曾说：“在一些情况下，我爱人类。”

——《尼采文集》

225　诱惑之神

恰好可以提及当时的阿里阿德涅，他说：“在我看来，人类是一个吸引人的、勇敢的、没有任何事情能成为其竞争对手的群体。我喜欢人类，常想有没有方法使他们更强大、更邪恶、更深刻！”“更强大、更邪恶和更深刻？”我惊恐地问。“是的，”他又说，“变得更为强大，也更为邪恶、深刻、美丽。”诱惑之神微笑着，他似乎刚说了一些赞美的话让人神往。人们会因此立即看出这位神不仅缺乏羞耻之心，而且有很好的理由去相信，众神可以教我们人类，给我们人类多一点人性。

——《尼采文集》

226　过去的自己

啊，我写下的、画出的思想，你们到底是什么啊！不久前，你们还那么年轻多彩，充满了很多荆棘和清香，让我打喷嚏也让我欢笑。现在你们不再新奇了，其中一些恐怕很快就会成为真理，你们看起来是非常不朽的，又老实得可怜，那么讨厌！能不这样吗？我们这些常把写下的东西变成不朽的人，该画些什么呢？

哦，画能很快消退陈旧的东西！画疲惫不堪、消失的风暴和过时的感受！只有画失去了方向也厌倦了飞翔的鸟儿，它们现在被我们的手抓住了！我们无法让不能活得更长、不能飞得更久的东西不朽，只能让力量枯竭、温和的东西不朽。我写和画都只是为了这些想法，才有了各种颜料。你，是从我的寂寞中迸发的火花和奇迹，你——我可爱的、罪恶的想法。

——《尼采文集》

Part - ❼

自我批判是解除心灵枷锁的唯一方式

自我批判的过程就是自我提升、走向超我的过程——对旧事物的批判实现了对旧事物的超越，对旧我的批判则实现了自我的提升。通过对生命经历的体验来增强生命的力量，使作为生命体的自我由弱小提升为强大，由较强提升为更强，以应付生存中的一切挑战，战胜人生的悲剧性；通过对旧的价值的破坏和重估，将自己内在的生命强力提升为创造力，并创造出新的价值，为无意义的生存赋予自己独特的意义，为自己的人生确定独特的轨道，这就是解除自我心灵枷锁的唯一方式。

227　《悲剧的诞生》的诞生

这本《悲剧的诞生》究竟缘何写起，这显然是一个头等的、极为有趣的问题，并且还是一个深刻的个人问题——之所以这么说，是因为它写于激动人心的普法战争时期（1870—1871 年），但在这时候写出来却并不是心甘情愿的。那正是沃尔特战役的炮声震撼欧洲之际，却有一个善于沉思的谜语爱好者坐在阿尔卑斯山的一隅，潜心地思索和猜谜，结果虽然大伤脑筋，却也痛快淋漓，于是记下了他关于希腊人的思考——这奇特而艰难的核心，现在这篇序（或后记）便是为他而写的。几个星期后，他身在麦茨城下，仍然执着于他对希腊人和希腊艺术所谓“乐天”的疑惑，最终，在凡尔赛和谈那惊心动魄的一个月里，他和自己达成了和解，渐渐从一种由战场带来的伤害中恢复过来，也相信自己可以动手写《悲剧从音乐精神中诞生》一书了。从音乐中？音乐与悲剧？希腊人与悲剧音乐？希腊人与悲观主义艺术作品？人类中目前为止最健全、最优美、最令人羡慕、最富于人生魅力的种族，这些希腊人——怎么，偏偏他们必须有悲剧？而且——必须有艺术？希腊艺术究竟为何？……

在这里，关于生存价值这个发人深省的问题究竟被置于何地？悲观主义一定是衰退、堕落、失败、疲惫和羸弱的标志吗？在印度人眼里，自然还包括在我们“现代”人和欧洲人眼里，它确实是的。有没有一种强者的悲观主义呢？一种出于幸福，出于过度的健康，出于生存的充实，对于生存中艰难、恐怖、邪恶和可疑事物的理性的偏爱的悲观主义呢？或许真的有一种因过于充实而产生的痛苦，真有一种跃跃欲试的勇气，渴求危险事物犹如渴求敌手、渴求带劲的歌手那样，为的是考验自己的力量，并领教一下什么叫“害怕”。在希腊最美好、最强盛、最勇敢的时代，悲剧神话意味着什么呢？伟大的酒神现象意味着什么？悲剧就是从这里面诞生的吗？另一方面，是道德的苏格拉底主义、辩证法、理论家的自满和乐观毁灭了悲剧吗？怎么，苏格拉底主义不会是衰退、疲惫、疾病以及本能错乱解体的征象吗？而后期希腊精神的“乐天”不会只是一种回光返照吗？反悲观主义的伊壁鸠鲁意志不会只是一种受苦人的谨慎吗？甚至科学，我们的科学——是的，全部科学，作为生命的象征来看，究竟会意味着什么呢？全部科学将往哪里去，更糟的是，它们从哪里来呢？怎么，科学精神也许只是对悲观主义的一种惧怕和逃避，是对真理的一种巧妙的防卫。用道德术语来说，是类似怯懦和虚构的东西，用非道德术语来说，是一种狡猾。哦，苏格拉底，苏格拉底，莫非这便是你的秘密？哦，神秘的冷嘲者，莫非这便是你的——冷嘲？

——《悲剧的诞生》

228　用艺术阐发科学

我要解决的问题是个新的问题，可怕又危险，它是科学本身的问题——科学第一次被视为可疑的东西。然而，初生牛犊，大胆怀疑是这本书的特质，但并不适合年轻人，这是一本多么令人难以置信的书！

这纯粹是早期的和非常不成熟的个人经验，这些经验都难以表达，必须立足于艺术之上，科学问题才能被理解。也许艺术家写的是一本既有分析力又有反省的书，以艺术家的形而上学为背景，包含了神秘的新发现，是一本充满勇气和忧伤的青年之书。它在权威面前表现出真诚的尊重，但不是盲目服从，而是保持独立。

即便它的问题是一直以来都存在，有年轻人容易犯的各种毛病，比如“啰唆”“过于犀利”，但它仍然是首开先河。另一方面，它产生的影响似乎（特别对理查德·瓦格纳这位伟大的艺术家，这本书是写给他的）也证明了这本书的意义，我的意思是说它至少能让当代的优秀人物觉得满意。

所以它也得到了应有的重视，即便是这样，我也想直接表达它是如何不顺眼，16年，它让我觉得陌生，但我仍能记得着手写这本书的时候，我要求自己以艺术家的眼光考察科学，再以人生的眼光考察艺术。

——《尼采文集》

229 希腊人与酒神精神

它难以控制去表达或隐藏自己，好像嘴里的舌头不是它的一样。“新灵魂”应该唱歌而不是说话！我没有诗人的勇气去吟唱出我的心愿，我本可以这样做，这多么让人郁闷！至少该像一个语言学家。然而，语言学家对这个领域，一切都还有待揭示和探索！尤其是现在我们提到的这个，只要我们不回答“酒神精神”这一问题，希腊就是神秘的……

——《尼采文集》

230 希腊人的悲剧主义

关于什么是酒神精神，这本书提供了答案。对希腊悲剧的起源，这个心理问题，现在的我会更谨慎、更谦虚地来讨论。问题的根源是希腊人对待痛苦的态度，其敏感程度——是静态的还是有所改变？正是由于这个疑问，他们也越来越强烈地渴望美丽和欢乐。

如果这是事实——古希腊民主阵营领袖伯里克利或古希腊历

史学家修昔底德已经在伟大的颂词中告知众人。早些时候对丑的渴望，早期的希腊人寻求的悲观主义、悲剧神话，寻找所有可怕的、邪恶的、不祥的事的意志从何而来？也许是出生在快乐和充实中？从生理角度看，疯狂的悲剧艺术和喜剧艺术、酒神精神，又是什么意思？也许疯狂未必意味着退化和毁灭。

也可以问问精神病医生，这是否跟健康的神经官能症有关。神与公山羊在萨提身上的合并是什么意思？什么驱使了希腊人的创造呢？悲剧歌队的起源又是怎么样的？为什么希腊人在最生机勃勃、精神焕发的时候反而成了悲观主义者？

柏拉图认为这是疯狂赐予希腊的天赋。希腊人在衰落的时候变得肤浅，更热衷于逻辑与世界的逻辑化。更“快乐”会“更科学”吗？“现代思想”与民主的不和谐，乐观主义的胜利，占上风的功利主义理论，是衰弱、年老的时候生理疲劳的象征吗？这不正是悲观主义吗？伊壁鸠鲁变成一个乐观主义者也是源于他的苦难啊！

——《尼采文集》

231　书中的难题

你们知道我写书是在完成多么大胆的任务了吧？我遗憾的是当初没有勇气用独特的语言来表达一个独特的视角——我毫不费力地尝试用现有的公式，像是叔本华、康德那样去表达与他们的精神相对的有趣的创新的价值！叔本华是怎样看待悲剧的呢？

他在《作为意志和表象的世界》第二卷中说:“是人类认识水平的提高使得一切悲剧有了特殊的鼓舞人心的力量。世界、生命并不能给人以真正的满足，因而它们并不值得我们依恋。悲剧的精神即在其中。所以，它引导我们听天由命。”哦，酒神告诉我的是如此不同！哦，正是这种听天由命主义，对当时的我来说是多么格格不入！然而，这本书却有着某种极严重的缺点，比起用叔本华的公式遮蔽破坏酒神的预感，它现在更使我遗憾，这便是，我将当代事物混入其中而从根本上破坏了我所面临的伟大的希腊问题！在毫无希望和失败已成定局之时，我仍然抱有希望！

——《尼采文集》

232　德国精神与德国音乐

根据德国音乐，我奢谈了“德国精神”，仿佛它在现今这个时代仍然用匿名的方式重新认识自己。德国的精神在很久以前也曾是主宰欧洲的领先力量，现在已经走到尽头，并且在建立帝国的借口下走向衰亡和没落。事实上，我已经懂得完全不抱希望，没有遗憾地看待“德国精神”。

我也用同样的方式来看待德国音乐，把它看作是一种彻底的浪漫主义，是所有可能的、非希腊艺术形式的集合，除此之外，它还是一流的神经破坏剂，对酗酒、晦涩的国家有双重危险。但是，它的双重性在于，它既能让人麻痹又能让人陶醉。当然，除了对当代抱有轻率的希望并且做了不正确的应用之外，我的书中还提到了伟大的酒神问题，包括音乐，一种音乐必须具有怎样的特点才能被称为酒神音乐?

——《尼采文集》

233　浪漫主义的回归

然而，如果连你的书都算不上浪漫，那么世界就没什么浪漫主义了。艺术家宁可相信虚无，相信魔鬼，也不想相信“现在”，这是对“现实”和“现代观念”表现出的最大仇恨。

——《尼采文集》

234　查拉图斯特拉说

“是必须的吗?”……不，不，不！对于你们这些年轻的浪漫主义者，不是必须的。但一切都有可能结束，你们也很可能如此，即获得“抚慰”，像我写的，不去做任何让自己变得严肃和恐惧的自我教育。简单地说，如浪漫主义者以基督教的方式告终……你们应该先学世俗的慰藉，你们应该学会笑，除非你想一直做悲观主义者。所以，想要一直玩笑，就该把形而上学丢掉！或者，像酒神精灵查拉图斯特拉说的：

“我的兄弟们，鼓舞自己的士气！不断向上也不忘记你的两条腿！让你的腿也动起来，你们这些舞者，如果你能更坚强就更好了，欢笑的皇冠，玫瑰花环的皇冠，我给自己戴上，我宣布我的笑是神圣的。我没有发现别人能在这方面比我更强大。

“舞者，查拉图斯特拉振翅欲飞，指挥鸟儿预备飞翔，一个快乐的粗心人……

“查拉图斯特拉是位预言家、欢笑者，一个不会烦躁的人，一个从不固执己见的人，一个喜欢蹦跳的人，我给自己戴上王冠，同胞们，我把皇冠扔给你！我宣布，笑声是神圣的，该来向我学习这欢笑！”

——《尼采文集》

Part - ❽

正确、舒适的交友之道

尼采在他的哲学世界里是孤独的，他曾说：“……现在面对着我最后的绝巅，面对着最后为我保留的绝巅，我必须登上最艰难的山道！唉，我已经开始了我的最孤独的途程！”但他明白人是社会性的动物，不能没有朋友交流，也不能没有朋友的帮助，正如他说的另一句话：“多和人交谈，不是谈日常琐碎的，而是你想要相信的东西，在与朋友的推心置腹中才能更了解自己。”

235 怎么交友

真正的朋友要能同甘而非共苦，但要对嫉妒和自满谨慎。

——《人性的，太人性的》

236 提高人格之道

多和人交谈，不是日常琐碎的，而是你想要相信的东西，在与朋友的推心置腹中才能更了解自己。

把交谈对象当做朋友，尊重他，并且对其人品向往，这就是你提高自己人格的重要过程。

——《查拉图斯特拉如是说》

237　四种美德

诚实待己，诚实待人；

不惧怕敌人；

宽容失败者；

在任何时候都保持风度。

——《曙光》

238　珍惜挚友

维持挚友的关系：

尊重对方超过自己。应该爱对方，但该把自己放在前面。

亲密温柔的交往，但是要小心把握尺度。

学会区别你我，不要混淆两者。

——《各种意见与箴言》

239　彼此信赖的友谊

装作非常亲密，套近乎，故意频繁地联系，这表明他们已经不信任彼此了。

如果相互信任，不会依赖亲密的感觉，局外人甚至觉得冷淡。

——《人性的，太人性的》

240 善交诤友

为什么年轻人容易傲慢自满，因为他们什么也没有，愿意与具有相同的水平的人为伍，因此表现出一种傲然的样子。

陶醉在甜美的幻想和浪费青春的时光中，损失很大，应尽快与可依赖、有作为、有功劳的人交往。

这样就会克制自己自满自大、没有内涵的潇洒和夸大虚荣，并清楚地知道自己现在该做什么。

——《人性的，太人性的》

241 尊重各自的隐私空间

有些人认为，对于亲密关系的人干预彼此的私人问题无所谓。不要与这样的人交往。他们说是把你当作家人看，其实要让你接受他们的统治和影响。

朋友应该相互尊重彼此的隐私空间。

——《漂泊者及其影子》

242 不要过于敏感

不需要时刻保持敏感。

尤其是与人打交道的时候，即使看穿了对方行为或想法的动机，也要装作不懂。

尽量从善意的角度考虑问题。

信任他人不要总是有所顾忌，保持比对方迟钝的状态既是交友的技巧也是对人的体恤。

——《人性的，太人性的》

243 同类

你被和自己相似的人称赞也会称赞那些是自己同类的人。

如果不一样，就无法理解，甚至不知道善恶。称赞与自己相似的人，也是让自己得到认同的途径。

不同的人有不同的层次，理解和赞誉都是在同一水平的同类中发生的。

——《快乐的知识》

244 友谊是婚姻的基础

孩子的人际关系一般都单纯地始于友谊，一起玩耍、争吵、竞争、烦恼……各种各样的经验促进两人之间建立友谊。哪怕距离很远，也能保持关系。

有一个好朋友是很重要的，友谊是人际关系的基础。

好朋友会成为幸福婚姻的基石。因为婚姻是一种特殊的男性和女性之间的关系，是男女友谊的衍生品。

因此，将婚姻不幸的责任推卸给环境或其他人，忘记自己责任，这样的做法是完全错误的。

——《人性的，太人性的》

245　友谊

“在我身边总有一个人是多余的。”隐士在想，“从原来的一个，最后成了两个！”

我常常在想，没有朋友，我如何能忍受？

隐士总是盼望能有个朋友来引导并发掘他的深邃之处，给予他们指导。

各人有各自的信仰，我们对朋友的需要暴露了我们的缺点。

我们用爱压抑嫉妒，因为攻击树敌，而这些都是为了掩饰自己的缺点。

“至少做我的敌人！”真正的尊重不会乞求友谊。

如果一个人想要朋友，他要为朋友而战，为战胜敌人拿出实力来。我们应该尊重朋友的敌人，对自己的朋友亲近不狎昵。

朋友是我们最大的敌人，你反抗反而是在接近。

你想在朋友面前赤裸裸地出现，也许是为了表示尊重，他却诅咒你去见鬼！

太暴露让人害怕，所以你应该害怕自己是赤裸的！是的，如果你是上帝的话，你反而为服装而羞愧！

你不能为朋友打扮得太华丽，因为你应该是他的希望。

你见过你的朋友睡觉吗？——为了知道他的长相。他一贯的外表是什么样的？其实就是你的样子，你的粗劣和瑕疵。

你因为朋友睡觉的样子而感失望吗？哦，我的朋友，人应该被超越。

朋友是善于投机和有经验保持沉默的人。你不必看清所有，你应该揭露的是你朋友清醒时做的事。

揣测好你的朋友什么时候需要同情。也许他喜欢你那冷漠的眼神和表情。

将深切同情藏在咬不破的壳里，才能是体贴、甜美的。

你是朋友的新鲜空气、药物、面包吗？许多人不能自己挣开束缚，却能帮助朋友解围。

你是一个奴隶吗？是的话你就不能成为别人的朋友。你是一个暴君吗？如果是这样，你可能没有朋友。

很长一段时间以来，在一个女人的身体中隐藏着奴隶和暴君。因此，女人不懂得友谊，只知道爱。

恋爱中的女人，对所有厌恶的事有很深的偏见。即使在女人最清醒的爱情里，也往往有一道突如其来的闪电。

女人不懂得友谊。她们是猫、鸟或一头牛。

女人不懂得友谊。然而，请告诉我，你们男人中谁能了解友谊？

唉！可怜的人，你专注于朋友和奉献卑微的灵魂，那是我已经给敌人的，我不会因此变穷。

查拉图斯特拉如是说。

——《查拉图斯特拉如是说》

246 民族的评估

查拉图斯特拉去过很多地方，见过很多民族，所以他意识到很多人的善恶。同时，查拉图斯特拉也发现了，世界上再也没有比善和恶更大的力量。

事实上，没有一个民族能离开价值的评估而生存。一个民族如果要独立，它必须有一套和其他人不同的评估价值。

许多民族相信的善事往往被其他种族群体所蔑视——这是我找到的。恶也是一样。

人绝对不能理解他的邻居——他的灵魂会惊讶于邻居的愚蠢和邪恶。

每一个民族都有他们的突出之处，他们的辉煌成就，看到他们的“权力意志”。

在他们看来，来之不易的都值得赞扬，必不可少的痛苦是善。

能称霸、征服和光耀，能令邻居恐惧和嫉妒的东西是最高尚的，也是衡量一切事物的标准。

事实上，我的兄弟，只要你了解了一个民族，包括它的土地、天空和邻居等，就会发现它凌驾于其他民族的法律之上，以及它为什么要爬上梯子来实现它的愿望。

“你必须始终保持领先地位，并优于其他，除朋友以外，你的嫉妒心使你不能爱任何人。”这使希腊人非常激动，他的伟大之途开始了。

“孝敬父母，服从。”一个这样要求人民的民族，能始终保持强大和繁荣。

“对他人忠诚，即使这样要面临风险或以流血牺牲为代价。”另一个民族以此自励，有无限的希望。

事实上，善与恶是人类自己造成的。

人类通过给事物创造价值来获得自信——他为万物创造一个人类的意义，他声称自己是“人”，指的是价值评估。

评估价值就是创造，价值评估是所有被评价的事情中的贵重物品。

只有评估，才能有价值。没有被评估过的，只有一个空壳罢了。创造者要记住！

变换价值——这意味着创作者的变化。创作者必须不断地破坏。

创作者先是民族，再是个人。事实上，个人是最近才被创造出来的。

过去，所有种族群体以善为准则，主宰和顺从是附属的令牌。

众乐在独乐之前，只要良知是公共的利益，那么“私人”就违反了良知。

充满爱与创造力的人们，永远在创造善与恶。爱和愤怒在假道德之名中燃烧。

查拉图斯特拉去过很多地方，见过很多民族。他发现，世界没有比“善”与“恶”更大的权力了。

判决的权力实际上是一个怪物。告诉我，朋友，谁敢保证自己可以降服它？到目前，我们有1000个目标，因为有1000个种族群体。然而，从未有制服它的链条，还缺乏一个目标。人类连一个目标都没有。

然而没有目标并不意味着人类本身不存在。

查拉图斯特拉如是说。

——《查拉图斯特拉如是说》

247　爱谁

想和邻人交好，就要讲些恭维的违心话。就是要一味地顺着对方，把邻人的美德当做美德，我已经看穿你这种“无我”的行为了。

“你”尊重“我”，会把“你”神化，“我”在卑微的位置，所以你才忙着和邻人交好。

邻人当然要爱，我建议你不如爱个更远些的比较好。

爱遥远的人胜过身边的人，爱所有事物和幻象则高于人类的爱。

朋友，那些希望比你更美丽，为什么不给它你的热爱，反而害怕地躲在人群里。

你无法忍受自己，不爱自己，所以你想拉邻人下水，再用他的错误来宽恕自己。

但愿你不能忍受身边的众人，所以你们必须自主创造朋友和热情的心。

当你想夸耀自己时，不如找个证人，看他是否承认你对自己的夸奖。

说谎的人不仅会假装不知道，还会不懂装懂。和他人交往，要经常这样提醒自己，不要欺骗。

傻瓜说："人际关系可以改变一个人的特性，尤其是对人云亦云的人，就更容易了。"

这样的人穿梭在人群中，是为了找到自己，而别人是为了摆脱自己。你们自负的自爱，使你们的孤独变成了监狱。

远人因为你们的这种行为而付出了不少代价，只有你们五个在一起，就融不进更多人了。

我不喜欢节日的宴会。那些场合有太多表演成分的虚情假意。

我不教你如何爱邻人，而是如何交真正的朋友。让朋友成为你的盛典和超人的直觉吧！

——《善恶的彼岸》

248　如何交友

我教你们如何真挚地交友，用真挚的心交友，如果想要被爱，要知道怎么把自己变成块海绵。

我会教你怎么才能结交到那些心里保持完整的世界、外表也善良可靠的朋友，一个有创造力的朋友随时准备提供其完整的世界。

世界曾为他打开，又关闭起来。像由恶演变为善，由偶尔演变为目的一样。

今日的动机才能成就未来和远处之人，你应当爱你的朋友们身上的超人动机。

兄弟，我不建议你爱邻人，而是去爱未来之人。

查拉图斯特拉如是说。

——《查拉图斯特拉如是说》

249 走自己的路

你愿意远离人群吗？你想要去追求自我吗？先停下听我讲讲吧。

“脱离人群的人很容易迷失自己，不该与人群隔离。”人们说，“因为你本来属于人民。”

他们的话在你脑子里转个不停，但你还是坚持“我不想和你们保持同样的意识”，这是你在表达不满和痛苦。

看吧，这种痛苦就是源于集体意识，它依然在你的痛苦中闪烁。

你还愿意走这条充满磨难考验、追求自我的路吗？那就展示你的力量和坚持吧！

——《尼采文集》

250 别总急于表现自我

你代表新的力量和权威吗？能让那些行星围绕着你旋转吗？

人们贪婪的欲望真是太多了，野心勃勃的人才容易激动，快来证明你不是一个充满野心和欲望的人吧！

这和风箱是一个道理，鼓胀起来其实是最空虚的时候。

你认为自己自由吗？我想听到的是你的、只属于你自己的思想，而不是什么你摆脱束缚的好消息。

你已经具备摆脱束缚的能力了吗？很多人获得自由之后反而丢掉了最后的价值。

——《尼采文集》

251 获取自由

你在哪里得到自由，和查拉图斯特拉有什么关系？你的眼神中闪烁着“为什么要自由”的疑问。

如果你有善与恶的判断标准，并像法律一样监督自己的意志，你可以判断自己，并报怨法律对自己不公正吗？

如戒律般要求自己与复仇者独处是很可怕的，这就是地球被投射到广阔而孤独的太空中的原因。

现在，你这个独立者仍被人们感到厌烦，同时保留十足的勇气与希望。

——《尼采文集》

252 守住孤独

总有一天，孤独会让你感觉到累，你有些妥协，你的勇气也会化为乌有。

总有一天，你忍不住喊出：“我是孤独的！”总有一天，你觉察不出自己的崇高，只留下谦卑，荣誉让你害怕。总有一天，你会说：“一切都是虚伪的！”

很多情感想杀死孤独，如果不能这样做，就会自灭！但是你真的下得去手吗?

我的兄弟，你已经理解“蔑视”的意思了吗?你已经尝到蔑视你的人得到公平正义时的苦涩滋味了吗?

——《尼采文集》

253　给孤独者的几条忠告

迫使很多持不同看法的人改变他们的看法，导致他们对你不满。你接近他们，但是擦身而过，他们永远不会原谅你。

你走在他们的前面，飞得越高，在嫉妒的人眼里会变得越小，他们对在天空中翱翔的人深恶痛绝。

“你们应该对我公平！”不，你应该说，“不招人妒是庸才，这些不公平的待遇是因为我值得。”

他们给孤独者不公和侮辱，然而，我的兄弟，如果你想成为恒星，应该不计较地照耀他们!

小心那些道德清道夫！他们想将那些自创道德标准的人钉在十字架上！他们仇恨孤独者。

你也必须小心那些所谓的神圣者，在他们看来，凡是不单纯的都是邪恶的。此外，他们喜欢玩火，以此来处死异端。

小心防范那些爱你的人们！为你戴上标榜爱的名义的镣铐。

事实上，对于某些人，你只要用带着利爪的脚就好了。

然而，你可能遇到的最大敌人其实是你自己——你埋伏在森林和山洞，准备攻击自己。

啊，这些孤独者要走的自我之路！这条路要打败自己和七个恶魔！

你将成为一个自己的异教徒，一个巫师、占卜者，一个疯狂的人，一个怀疑论者，一个亵渎者以及一个歹徒。

你应该准备自焚的火焰，如果你不化为灰烬，那怎么重生？

你独自走出一条新路，想在七个恶魔中创造自己的新路！

你想找寻的是一条爱的路，因为你爱自己，所以你乐于接受自己的轻蔑。

关怀者因蔑视现有的一切而想创造与众不同的一切！如果他不完全蔑视他爱的一切，他对爱又能有什么理解呢？

把你的爱与创造力带进你的孤独中，朋友，公道早晚会被证明。

把我的眼泪带进你的孤独中，我多么爱那些为了超越自己而牺牲的人！

查拉图斯特拉如是说。

——《查拉图斯特拉如是说》

Part - ❾

在学习中感知心灵充实的愉悦

应该把学习视为一件快乐的事情。匮乏的心灵是让人无法忍受的，即使丰富的知识会让你看到更多、更大的痛苦，但这也远胜于无知。当你在学习的过程中感受到心灵被一点点充实起来的时候，你无疑是会感到愉悦的。

254　最强大的智慧是抓住本能

不吃，身体会衰弱死亡。睡眠不足四天之后，身体就会像患了糖尿病一样。如果完全没有睡觉，第三天会产生幻觉，然后死去。

知识很有益处，但是我们也可以将其运用于不好的方面。可以说，知识是一个非常方便的道具。

我们觉得本能是野蛮的、兽性的，但本能是生命的基础。本能是自救的知识，是每个人都该有的能力。

因此，本能是最高的知识，本能是最智慧的。

——《善恶的彼岸》

255 不要轻易做判断

泉水有不同的流法，一些咕咚咕咚，一些细水长流，一些滴滴答答。

不了解情况的人们会根据水的多少来确定水中矿物的价值。懂得的人会根据其他成分，来确定矿物是好还是坏。

同理，我们不能被一些外观、胆识和魄力所迷惑，要有一双能看穿品质、价值和意义的慧眼。

——《漂泊者及其影子》

256 与时俱进

什么是善？什么是恶？人类伦理的定义随着时代的变化而改变，甚至会完全相反。

在古代，不符合传统和习惯的行为就是恶，越出本阶级的、不能预测的、不能用的、看不透的都是恶。现在的在古代人看来很可能是罪大恶极的。

这就叫观点的进化，想象对方或所处的情况换位思考，不是改变视点。研究古代的东西能对观点的进化起到作用。

——《曙光》

257 怎样实现自由

什么是恶？侮辱他人便是。

什么是人类的天性？不被羞辱便是。

什么人是自由的？从不让自己后悔的人便是。

——《快乐的知识》

258 为了生活而学习

想要同情他人必须有足够的想象力。想象力也是生活的积累，感知的所得。

人伦道德和感知是密不可分的，没有知识的感知是不存在的。

因此，你学习看似无用的东西，也将成为生活的基础。

——《人性的，太人性的》

259 不要感情用事

不要带着情绪做判断。个人的情绪并不能成为证据，许多人常存在误解。

历史悠久、源远流长也不能作为论据。强调这点的人，很可能是捏造历史的人，需要小心。

——《曙光》

260 别做坏的读书人

阅读时，不要成为糟糕的读者，坏读者就像个不断掠夺的士兵。

他们读书只是为了寻找有益于自己、迫切需要的东西。他们把有用的东西偷出来据为己有。

之后，他们便将偷来的东西断章取义，四处阅读。这不仅使书变了味，而且还是对书和作者的不尊重。

——《各种意见与箴言》

261 读什么

我们应该看什么样的书？它应该能改变我们对世界的观点，带我们到世界的另一端，让我们的意识得到精神净化，带给我们一种新认识、新视角。

——《快乐的知识》

262 思想者的智慧

思想家通过自己的行为、意图和问题获取信息或其他东西，所以他们立即得到的答案是成败。失败的事情让人烦恼懊悔，但是他会将懊悔留给做了这事的人，由主人来鞭打他们。

——《快乐的知识》

263　工作不只是为了酬劳

在现在的文明国家里，几乎所有人都是为了赚钱而找工作。对大多数人来说，工作只是手段不是目的，只要他们有丰厚的奖赏就行了。但仍有少数人，他们宁死也不想做不感兴趣的工作。因为他们的目的不是丰厚的报酬，除非工作本身有巨大的回报。沉思的艺术家和各类思考者就是这一类人，他们也是懒惰的，他们把生活用于狩猎、旅游、爱做冒险的事情上。他们不断寻找困难和麻烦的事，因为其中包含了很多乐趣，如果需要，他愿意做最具挑战性、最艰难的工作。

然而，另一方面，他们也有超乎常人的勇气，可能经历贫穷、耻笑或是危险，但他们并不在乎。他们不担心工作的无聊，只要能让他们获得成功，他们愿意接受更多的乏味。对思想家和创造性的天才头脑来说，无聊是不愉快的“安静”，但能通往快乐，他必须接受，必须等待。这是他们才有的福利！把无聊吓跑也是常事，因为做毫无乐趣可言的事他们也是司空见惯的。

或许从这里我们可以看出，亚洲人比欧洲人要强很多，因为他们做的是稳重、需要相当耐心的事。这和激烈的欧洲民众情绪是非常不同的。

——《尼采文集》

264 文化是内在的修为

令人印象深刻的大剧院和艺术画廊并不能产生优秀文化。道具和技术与建立一个丰富的文化条件和基础没有必然关系。

心灵才是文化产生的根源。然而，官员和商人常寻求所谓的发展文化，其结果是增加了文化破坏的可能性。

这是我们生活的年代。一些人认为，文化就是物质或手段。我们必须坚决反对这种想法。

——《人性的，太人性的》

265 常读经典作品

阅读有很多好处。经典作品中常有特别丰富的营养。

阅读经典作品，会使我们跳出目前的时代，甚至到一个完全陌生的世界去。

回到现实会怎么样？你可以更清楚地看到现代的全貌。因此，我们得出一个新的观点，将新的方法应用于目前的生活上。

——《人性的，太人性的》

266 真正的教育将释放你

到好学校就能遇到一个好老师，受到良好的教育。是这样吗？

你希望老师教你什么？如何教育你？

不同的教师和学校会不会教你不同的事情？

答案不是这样的。真正的教育不在于头衔和成就，而是能让你发挥出全部潜力。换句话说，真正的教育应该能释放你的身心。

让你自由地、充满活力地发挥潜力的人，才是真正适合你的教育者，他所在的学校才是最适合你的学校。

——《作为教育家的叔本华》

267 学习是内化的过程

古希腊文化高度发达，并长期保持繁荣，关键是他们不仅吸收外国文化和教养，还积极地消化从而推进本国的文化水平。

要达到这个目标的基础是学习丰富的知识，然后消化吸收他们的营养，而非简单的模仿。这对今天的社会也同样适用，而一心只追求利益，不能带来社会的繁荣和发展。

——《备忘》

268 滴水才能穿石

一些有才能的人却做不出什么成绩。因为他们不相信时间，总以为等待是荒废时光。他们错误地认为，他们能够完成任何事情，因此，他们做的事都虎头蛇尾。

无论怎样，工作都需要耐心，欲速则不达。

因此，做好一件事的关键，不仅是人才或技术，而是信赖时间，有坚持做下去的勇气。

——《漂泊者及其影子》

269 理想要付诸行动

有了理想之后必须用自己的方法找到通往理想的道路，否则，理想只能是空想。

如果你认为理想与自己无关，只愿静静地等待，必然会得到悲剧的结果。一不小心，你的生活会比那些没有理想的人更不堪。

——《善恶的彼岸》

270 有双发现的眼睛

不断学习，对有知识积累并受过高等教育的人而言不会感到无聊，因为他们对事物的兴趣会越来越多，越来越强烈。

即使他们看到的、听到的和别人一样，他们也容易从普通的事情中找到意义，填补思考的空白。

换句话说，他们的每一天都点缀着有趣的难题，并获得知识，充实生活。对他们来说，世界永远都不无聊，他们像是生活在热带雨林的植物学家。

生活充满了探索与发现，所以他们不会感到无聊。

——《漂泊者及其影子》

271 做事要留有余地

花九分力气就能完成的工作是最好的。

耗了十二分力气做事，总是给人压抑感，并使人感到紧张，不舒服。这样的作品透着“臭味”。

但是用九分努力就能完成一件事情，使人感觉舒适平和，愉快健康，每个人也都能接受。

——《人性的，太人性的》

272 成为专家的前提

想成为一个专家必须克服以下几个缺点：

急躁、焦虑、报复、欲望、激情等。

你可以很容易地排除消极情绪的干扰，并开始做事。

不然，这些感觉就像河流洪水一样肆虐，将一切化为乌有。

——《漂泊者及其影子》

273　注意善后

有操守的建筑师完成工作后会拆除脚手架。

有道德的园艺家在修剪枝叶后会将其清理干净。

同样，我们不应该忘记收尾。因此，它被认为是真正的结束并为事情画上圆满句号。

——《漂泊者及其影子》

274　挖掘你的所在之处

挖掘你的所在之地，泉水就会涌出。

多少年轻人到遥远的异国他乡，寻找适合自己的东西！

事实上，取之不尽的泉水，就在脚下。你所追求的东西，无数的珍宝，都在你的脚下。

——《玩笑、欺骗与复仇》

275　因地制宜

数学中最短的距离是两点之间的直线，然而，现实中并不一样。

船夫告诉我："风鼓起船帆时线路最短。"

这是最短距离理论在现实生活中的应用。计划永远赶不上变化，真实生活中的东西会将远路变成捷径。事前你通常不会明白这个道理，只有脚踏实地地在现实中实践过才能了解。

——《漂泊者及其影子》

276 感怀每一刻的生命

所谓“拥有哲学”是我们固定的态度和见解，然而，这是将自己标准化。

与其如此，不如倾听生命中的每一刻耳语，只有这样，才能看到生命的本质。

这是哲学的本质。

——《人性的，太人性的》

277 你的精神处于哪个阶段

一个有生活追求的人，精神处于不同的发展阶段，追求的价值目标也会不同。换句话说，精神在不同阶段追求高尚的品格是不同的。

第一阶段，最高尚的品格是“勇气”。

第二阶段，最高尚的品格是“正义”。

第三阶段，最高尚的品格是“适度”。

第四阶段，最高尚的品格是“智慧”。

问问自己，你的精神是在哪个阶段？

——《漂泊者及其影子》

278 不要炫耀智慧

炫耀自己的智慧早晚会遭到有形或无形的抵制，百害而无一利。因此，同普通人情绪一致，偶尔和他们一起兴奋是最好的方法。这样你能掩饰自己的智慧，也不会伤害别人。

——《漂泊者及其影子》

279 将才能赋予自己

不要因为没有天赋而悲观。

想要，就去学一种。

——《曙光》

280 切勿急于反省

学习和阅读不会让人聪明，经过各种体验之后人们才能成长。当然，体验并不总是安全的，体验甚至会带来危险，让人过分依赖。

体验就全身心地去体验，不要在途中反省自己的体验，否则你将无法对整个过程进行思考。

思考和观察应放在体验之后，这样才能生出智慧。

——《漂泊者及其影子》

281　磨砺心灵

在日常生活中，我们常将想法和感受告诉别人，或在头脑中思考。我们总是乐观地认为，自己能够清晰表达个人想法，并且被对方接受。

然而，我们只会用自己现有的词汇来表达自己的想法。就是说，词汇少的人表达能力会更差，不能完全表达想法或感觉。同时，这也决定了自己的思想和心灵的语言。词汇少的人思维和内心也很粗糙。

和杰出的人谈话、阅读，可以提高语言能力，使自己的头脑与心灵更加丰富。

——《曙光》

282　真正的冷静

包括工作在内，大多数事情只要沉着冷静地应对都能顺利完成，但其实“冷静”有两种完全不同的内涵。

一种是精神衰弱引起的冷静。对一切漠不关心，对任何事都带着旁观者的冷静。

另一种是战胜自己的冲动和欲望之后，冷静地处理问题、宽容待人，让人觉得舒适。

——《漂泊者及其影子》

283 智慧养气

经常明智地思考，你的脸上会逐渐闪出智慧的光芒，甚至外在的身体也会发生变化，在别人的眼中，你的运动和姿势也变得灵敏了。

一个人的心理状态会改变一个人的外貌。积极的人看起来充满活力，失意的人则垂头丧气。

——《人性的，太人性的》

284 深入对话

对话不是无关紧要的家常闲聊和娱乐，而要做得深入一些，这是非常重要的。深入的对话能让你清楚地认识到自己在想什么，失去了什么，问题在哪里，这样就能形成新的观念。

一个人总在冥思苦想，是不会获得任何结果的。

所以对话有助于产生新的思维。

——《善恶的彼岸》

285 激活你的人生

我们通过惯用的词语来表达想法。词汇的程度和思维的容量是成正比的。

词汇越多，想法越多；想法越多，思考范围越广，拥有更多可能性，这是人生的最有力的武器。

所以词汇能让你的人生道路更宽广。

——《曙光》

286　看清事物的本质

我们总是以为，因果直接相关，然而这常常会牵强附会。

事物和现象并非如此简单，因果也不能构成充分分析的因素。有些因素是肉眼看不见的。

忽略这些因素而做出因果推论是多么愚蠢啊！

因此，用因果理解事物的本质，是一种自欺的行为。真理常常掌握在少数人手里。

——《曙光》

287　存在无关合理

不合理不一定就要被废除，也许是因为不合理才会存在。

——《人性的，太人性的》

288　如何发现创意

少数人有一种特殊的嗅觉，能够发现新的东西，但缺少创意。

真正有创意的人用一双慧眼，从旧的、不屑一顾的、习以为常的事物中发掘意义。

——《各种意见与箴言》

289 慢下来欣赏沿路风景

弯下腰来能更加清晰地看到花草和蝴蝶。

慢慢走，欣赏沿路的风景，那些花草蝶虫会有一副新面貌，那便是孩子们眼中的世界。

——《漂泊者及其影子》

290 不仅现实是真实

依据眼前的现实而做出反应的人，他们似乎很可靠。当然，生活在现实中，不轻视现实是应该的。

如果你想看清事物的本质，不能只看现实，要用尖锐的眼光探讨现实背后的真实，就像古代哲学家柏拉图一样。

——《曙光》

291 有思想的人

有思想的人是这样的：

乐于与人打交道，热爱阅读，有热情。

缺少其一就无法进行思考。

——《漂泊者及其影子》

292　活得真心实意

两个人描述同样的事情，一个人说得很差，另一个人说得很好。这个差距不仅来自说话的技术。

为了让观众感兴趣，描述得差的人用了许多夸张的表现手法，观众由此可以感受到他的意图和谦卑。

而另一个人的表述是真诚的，言语之中显出诚实和谦逊。听众感受得到，所以就会听得认真。

书籍或演员的表演，也都是如此。

——《善恶的彼岸》

293　自由的学者

当我入睡时，小羊吃了我用常春藤编织的花冠，它一边吃，一边说："查拉图斯特拉不再是一个学者！"

说完小羊大摇大摆地走了。有一个孩子，把这件事告诉了我。

我喜欢躺在这里。孩子们常常在被蓟草、罂粟淹没的废墙边打闹。

在孩子们和花草看来，我仍然是一个学者。他们在任何时候都那么纯洁。

我的命运告诉我不要让小羊觉得我是一个学者，并为此庆幸！

事实上，我早不愿在那样的队伍里了。

我充满渴望的心在他们那里禁锢得太久！我不像他们，研究得如此刻板。

我喜欢新鲜的土地和自由的空气。我宁愿睡在牛皮上，而不是荣誉和尊严上！

我的思想常常因为高烧感到呼吸艰难，所以我必须走出去，去空气流通的户外。

然而，他们若无其事地坐在凉爽的树荫里，对什么事，他们都只想做一个旁观者，而不是坐在石阶上晒太阳。

他们伫立在街头，听着别人的想法。

如果有人去抓他们一把，他们会像面粉袋般地扬起一阵尘土。但谁会料到，这些灰尘来自稻谷和夏日田野上金黄的喜悦。

他们常说些短的格言和真理，这让我很失望。这种智慧往往有一股浓浓的沼泽味，真的，我都能听到里面的蛙声了。

他们很聪明——有灵巧的手指。我想学到那些复杂的技艺，他们的手指知道如何抽线、打结和编织，勾打出精神之袜！

他们都是好时钟——只要上好发条，就能指出正确的时刻，并发出谦卑的声音。

他们像磨盘、脱粒机，投入麦谷，就能磨成面粉。彼此密切看守，彼此不信任，像蜘蛛一般等着对方在知识上的一时疏忽。

他们随时准备着毒药，戴着玻璃手套。他们也知道如何投假骰子，他们玩得很起劲。他们的道德比虚伪和虚假的骰子更可憎。

和他们在一起的时候，我一直住在楼上，因此他们讨厌我。

他们不想听到某人的脚步走在自己头上，我们之间堆砌着灰尘、木材、石头和废物。

他们制止了我的脚步，但截至目前，即使是最有学问的人也听不到我。

我们之间堆砌了人类全部的缺点和弱点——这是家中的假“天花板”。

然而，任何情况下，我和我的思想还是走在他们的头上，即使我踩到了自己的错误也依然如此。

正义说，人类本就是不平等的。我所意志的事，他们没有意志的权利。

查拉图斯特拉如是说。

——《查拉图斯特拉如是说》

294　说谎的诗人

“我更深刻地了解肉体之后，”查拉图斯特拉对他的门徒说，“发现精神就只是象征性的，‘不朽’只是一个比喻而已。”

“我听你这么说过，”他的门徒说，“你还说，诗人是一个骗子。为什么呢？”

“哦，”查拉图斯特拉说，“我不是那种会随时问为什么的人。这是我凭自身经验而得出的观点。很多事情，最初的理由我都记不清了，我甚至已无法保持自己的观点。许多鸟都飞走了，偶尔，我也会看到被困在笼里的鸟，当我伸手去触摸它时，它常在颤抖。

查拉图斯特拉对你说，诗人是骗子吗？——然而，查拉图斯特拉是诗人。

你为什么要相信那些话呢？”

他的门徒回答说："我相信查拉图斯特拉。"查拉图斯特拉笑着摇摇头。

"相信不能让我神圣化，"他说，"即使是对我的信仰。"

然而，如果有人非常郑重地指出：诗人是一个骗子，他是对的——我们很爱说谎。

我们懂得太少又笨拙地学习，所以我们不得不说谎。

诗人都在酒中掺过假，都在地窖里酝酿有毒的酒，还有很多无法形容的东西。

我们知道得太少，所以我们从心里喜欢懵懂的人，尤其是少女！

我们想知道那些老女人晚上在谈什么，这是我们心中永恒的女性。

似乎有那么一条特别的秘密通道，隔绝了无所不知的人，所以我们信任人们的智慧。

诗人认为，不管是谁伸长耳朵躺在草地上或山坡上，都能学到很多知识。

如果诗人感到有点柔情会认为自然也爱上了他们，在他们耳边低声细语，他们为自己感到自豪和骄傲！

啊，很多东西只有诗人才能梦想到！

尤其是天上的事。所有的神都是诗人的想象和创作！

真的，我们总是被牵引着。我们把那里的华丽木偶称为神和超人。

他们的分量未免太轻了些。"

查拉图斯特拉说着，他的弟子也表现出恼火。因此查拉图斯特拉沉默下来，像是在眺望远方。最后，他叹了一口气，然后又深吸一口气。

“我的身体是今天和过去的，”他说，“不过，我有一些事情是属于明天和未来的。我已经厌倦了诗人，我认为他们都是肤浅的小海洋。

他们从未思考过，因此不能感受到海底。

放荡和厌烦是他们最好的沉思。

我听见钢琴的声音像幽灵一样闪烁。到目前为止，他们从中学到了什么呢？

我认为他们不够干净，他们搅浑水，好让自己看起来高深些。

他们乐于以和事佬自居，但我认为他们是多事者，做事三心二意，做不好收尾工作！

哦，在他们的海里只能捞到古代上帝的头！

大海给饥饿的人一块石头，他们一样从海中来。

他们也有珍珠，所以他们与蚌类的软体动物更加亲密，在他们身上只有黏稠的液体，没有灵魂。

他们从海里只学到虚荣，海不是孔雀中的孔雀吗？

即使面对最丑陋的水牛，孔雀也将展开尾巴，坚持不懈地抖着花边扇尾。

水牛轻蔑地望着它，它的心向着丛林和沼泽地。

对它而言，美、大海和孔雀都不算什么。这只是一个对诗人说的比喻。

真的，他们的精神本身就是孔雀和虚荣的海！

寻找诗人精神的旁观者都是水牛！

然而，我厌倦了这种精神，也看到他们厌倦自己的时间快到了。

是的，我已经看到，诗人被改变了，他们的眼睛都转向了自己。悔改的灵魂已经出现，他们是重生的诗人。”

查拉图斯特拉如是说。

——《查拉图斯特拉如是说》

295 先知

我看见一件很悲哀的事就要发生了，最尊贵的人们已经厌倦了自己的工作。

一个学说出现，将有一个信念开始上升：“一切是空的，所有的所有！”

每个山谷都在回应：“一切都是空的，所有的所有！”

我们曾有个好收成，但为什么我们的果实腐烂了，还是昨晚从邪恶的月亮里落下什么让我们的努力工作变成徒劳，酒变成毒药，邪恶吞噬了田野和心灵？如果有火，然后我们会化为灰烬——火也已经疲惫了！泉水已经干涸，海水也不多了。整个土地在开裂，那缝隙会把我们吞没！

“我的上帝！我们甚至找不到自沉的海了！我们连死都懒得去了，现在我们要保持冷静地继续活在坟墓里。”

查拉图斯特拉被先知的话深深感动了，改变了自己，他抑郁和疲惫地走着，结果也成为先知所说的那种人。

“真的，”他对他的门徒说，“不久，漫长的夜晚来临。啊，我怎么在这段时间保持光明呢？

我希望它不会在这悲伤的感觉里窒息，因为它还有一个更遥远的世界和明亮的夜晚！”

查拉图斯特拉若有所思地走了三天，他不吃不喝，没有休息，没有说话。最后，他睡着了。他的门徒守了他整晚，焦急地等待他醒来。希望他的痛苦可以消退。

以下是查拉图斯特拉醒来后对门徒的教导，门徒听他的声音好像来自一个遥远的地方：

“我的朋友，请听我说刚才的梦并且帮我猜解它的意义！

我梦见我放弃了生命，变成了一个孤独的死神的山寨的守夜人和守墓人。

我守卫着死亡的棺材，发霉的地窖里充满战利品，被征服的人透过玻璃棺看我。

我呼吸着杂质和灰尘，心里污浊闷热。谁能让自己的心灵通通风呢？

黑暗笼罩着我，孤独陪伴着我，我最坏的朋友像个局外人一样旁观。

我随身携带许多严重生锈的钥匙，也不知道如何使用它们打开门。

门被打开时，咿呀之声响彻了整条走廊，夜鸟也跟着叫了。

一切归于沉寂之后，我又独自坐在沉默中，更可怕了。

时间在慢慢消逝，如果还有时间的话！突然屋外传来响动。

雷鸣般的三下敲门声，在地窖里发出了相应的回声，于是我就走到门口。

‘嘿！’我喊道，‘谁带着自己的骨灰来了！’

我转动钥匙打开门，但我无法推开门，大风袭来，凄厉地呼啸着，给我一个黑色棺材。

呼啸的风声中，黑色棺材突然断裂，发出无数雷鸣般的笑声。

有无数的孩子、天使、猫头鹰、傻瓜和大一点的孩子扮着鬼脸嘲笑我。

我很害怕地跌倒在地上，从没有过地大声地尖叫。

然后我就醒了。”

查拉图斯特拉说完沉默了，他不知道怎么解释这个梦，而他最得意的门徒站起来，握着查拉图斯特拉的手说：

“哦，查拉图斯特拉，你的行为将给我们最好的解释。

你就是吹开了死亡之门的狂风！

你就是装满了愤恨和天使的黑棺材！

查拉图斯特拉去每一块墓碑前嘲笑那些守墓人、守夜人和管理者。

大笑使他们恐惧颓废地倒在地上，昏迷又醒来，这证明你控制了他们的力量。即使有黄昏、有疲倦，你的生命也不会消失。

你让我们看到星星的夜晚。真的，你的笑声像是在我们上空多姿多彩的檐篷。

孩子们的笑声不断地从棺材中流出，风继续呼啸着来制服致命的疲劳，你自己是一切的先知！

真的，你梦到你的敌人，这是最痛苦的梦。

既然你回到自己的身体上复活了，他们也会从他们的梦中醒来，看着你！”

这门徒说完，其他门徒围上来，抓住查拉图斯特拉的手，想说服他起床，恢复过去的生活，但查拉图斯特拉坐在床上，很茫然，他看着他的门徒，不认识他们了。直到他们帮他站起来，他才恍惚过来，明白发生了什么，捋着胡子，用一个伟大的声音说：

“这些来得正是时候。门徒，小心不要耽误盛餐！我要为刚才的噩梦做一些修正！

先知应该与我分享这顿盛宴。真的，我告诉了他自沉的大海！”

查拉图斯特拉如是说。然后他看着解梦的门徒，摇了摇头。

——《查拉图斯特拉如是说》

296　生存的智慧

一个陡峭的斜坡比高处可怕得多！

站在山坡上往下看，双手握紧向上举，这让我感到眩晕。

哦，朋友，你们能猜出我的双重心意吗？

我和人类牢牢地锁在一起，因为我是要做超人的，我的另一个意志要去那里。

所以我盲目地生活在人群中，就像我不认识他们，我的手才不会完全失去对坚实东西的信任。

我并不认识你们，这让安慰通过我的心。

我坐在门口问：

谁想骗我，这是我的第一世俗智慧——我宁愿自己受骗。

啊，如果我无处不在地谨防人类，人类就不会是我的气球之秘锚！我会很容易地被引向崇高的远方！

这神圣的东西操纵着我的命运，我不能预言。

不愿枯萎在人群中，你必须会用所有的杯子喝水，想在人群中保持清洁，你必须知道如何使用肮脏的水擦洗自己。

我经常这样安慰自己："勇气！年迈的心振作些啊！不幸降临在你身上，为什么不把它当作幸福来享受？"

这是我的第二世俗智慧——我不能忍受虚荣傲慢。

如果你想要自己的人生赢得人们的赞赏，必须好好表演，因此要做个好演员。每个人的虚荣心导致自己都是一个好演员，为了赢得观众的喝彩，他们投入了全部精力。我忍受虚荣心的原因是它们能治疗我的抑郁症，同时它连接了我和别人，像我和戏剧一样。

此外，卑微的、虚荣的人难以想象这能有多深刻！我很感谢他们，但也同情他们的卑微。从他们身上我能学到自信。他们奉承你、赞美你。

当你故意称赞他，他会很喜欢听你的谎言，因为他会在心里叹息："我是什么？"

如果说，真正的道德是不自知——虚荣则是不知道自己的谦逊！

——《尼采文集》

297 来迎接超人吧

人群中也有艳丽的一种，那些恶人身上也有奇妙之处。

事实上，我认为最伟大的头脑似乎不是真的那么聪明，同时，我也发现，人类的弱点未必真的那么差。

我经常摇头问自己："响尾蛇，你为什么要摇尾巴？"

真的，即使未来是邪恶的，最热的南方还有待发掘。

多少十恶不赦的事物也不过十二尺宽，三个月久罢了！有一天，会有更大的龙出现。

让超人也有自己的龙，只有超级龙才配得上他。肯定有很多烈日在潮湿的原始森林中示威！

野生猫必须演变为老虎，毒蟾蜍必须演变成鳄鱼。一个伟大的猎人应该配上好的猎物！

善良正直的人们啊，你们有很多可笑之处，尤其是对所谓的“魔鬼”的恐惧！

你们对伟大是多么陌生，超人的亲切也会让你们感到害怕。

你们这些聪明的人和学者都想躲避智慧的烈日，而超人却在下面洗澡！

在我面前，你们这些所谓聪明人！我猜你会叫我的超人——魔鬼！

——《尼采文集》

298　混迹于常人

哦，我对这些高等的聪明人感到非常厌倦和不耐烦，我渴望更高，达到超人的境界！

当我看到这些人赤身裸体时，突然感到一种莫名的恐慌，决定飞到遥远的未来。

飞到更遥远的未来，从未有人梦想过南方之南。在那里，神羞愧于穿衣！

邻居和朋友，我希望你能打扮得像个善良者、诚实者，体面而可敬。

我要精心打扮一番，然后混坐在你们之中，这样就分不出你我了——这是我的最后一个世俗智慧。

查拉图斯特拉如是说。

——《查拉图斯特拉如是说》

299 清晨之梦

清晨的梦使我站在天涯，用天平来衡量世界。

这黎明真早啊，它用光芒叫醒我，总是嫉妒我梦中的光。

有人善于计时，有人则爱称重，还有人则用强壮的翅膀飞到任何地方，神圣的胡桃夹子可以占卜——这是我的梦中世界。

我的梦是一个勇敢的水手，一半船、一半飓风，静如蝴蝶，动若鹰雕，它为何选在今日去测量世界？

我的梦充满信心地思考着这个现实世界，不好奇也不祈求、怀旧、懦弱。

这个世界像一只成熟的表皮光滑的金苹果一样，呈现在我面前。

这个世界像一棵茂密弯曲、不断向我点头的树一样，和我遥望。

这个世界像一只纤纤玉手提的装着谦逊和崇敬的盒子一样，向我展露。神秘莫测，谜题重重。今天我才觉得这个世界是如此富有人性！

我如此感谢我的梦，让我衡量的这个世界带着慰藉和人性而来！为了在现实中也能如此，我要把三件最坏的事情拿出来，以人类的观点重新衡量。

有祝福也必有诅咒。最受诅咒的三件事是什么呢？

——《尼采文集》

300 三种毒害

色欲、权欲和私欲是迄今为止最受诅咒的！我将用人类的角度来衡量它们！

啊，这是我海的一角，那才是海！我爱的忠实的狗摇着尾巴而来。

我在波涛汹涌的大海中手持天平，树，请你来见证！我爱你的枝叶繁茂和气味芬芳！

现在，什么样的桥才是通往未来最好的路？是什么禁令使得高者屈服于低者？什么使得最高者向上成长？

现在天平平衡了。我把三个问题放进一个盘子，答案放进另一个盘子。

——《尼采文集》

301 权欲

权欲是无情者的追求，是对残忍者的酷刑，是焚身的火焰。

权欲是虚荣者身上的毒虻，它愚弄所有自由的道德，它骑在马匹和骄傲上。

权欲是粉碎腐烂、空洞的地震，它破坏了虚伪者粉饰的墓碑，是不恰当答案的信号。

在权欲的凝视下，人类匍匐跪倒，还不如猪蛇——直到非凡的藐视从他的心中升起。

——《尼采文集》

302 私欲

我希望孤独的人并不总是孤独和自给自足的，我希望高山填平深谷，平地也受到高空中风的吹拂。

哦，谁能给这种渴望一个适当又荣耀的名字！“奉献”——这是以前查拉图斯特拉起的名字。然后，他竟赞美了私欲，这来自强大灵魂的善良、健康的欲望。

这个坚强的灵魂有一个美丽的、欢乐和谐的肉体，这肉体的四周就成了一面镜子。

这柔软、善良的肉体，这舞者，象征着一切自得其乐的心灵。这种肉体和心灵的自得其乐就叫“道德”。

这种自得其乐使用一切修辞来保护自己，像用圣洁的手套来保护手，以幸福之名忘掉所有的蔑视。

它也能摆脱所有胆怯，它说:“恶——这是懦弱！”那些渴望、叹气、抱怨、贪婪都是卑贱的。

它不屑于苦中作乐的智慧，它常叹息:“一切皆空！”

它认为那些躺在地上奉承谄媚的人更卑贱。当然这也不失为一种智慧。

它讨厌盲目地忍受一切，吞下所有轻蔑和难堪，从不自卫的人——因为这是典型的奴隶行径。

他们接受众神的藐视，或者受制于人类的愚昧，这被祝福的私欲都会被唾弃为奴性。

恶——它指那些精神破灭、卑躬屈膝之辈，不停地眨眼，被压迫的心和虚伪的风度，都在以厚唇献媚。

智慧的赝品——是指那些奴颜婢膝、衰弱、老生常谈的智者，尤其是教士荒诞疯狂的行为！

然而，伪智士、教士、厌世者们，这些带着奴性的人——他们总在戕害私欲！

他们还将此称为道德，夸赞成美德！至于“无私”是那些懦夫们给自己找的用来表现的理由。

声称自我健全、神圣，赞美私欲的人说：“看哪，那伟大的中午近了！到了！”

查拉图斯特拉如是说。

——《查拉图斯特拉如是说》

303　爱你自己

我以众人之口说话：我对矜持者说话太粗俗直率，他们感觉很奇怪。

我以疯子之手挥舞：涂鸦任何可以涂抹之处，桌子、墙壁等是多么不幸！

我以鹰之胃进食：因为它最喜欢羔羊的肉，所以是鸟类的胃。

简单、节制的食物对身体好，我随时准备高飞，到远方去——这是我的天性。我具备鸟的气质，尤其对严肃精神的敌视——真正的极端仇视，天生的敌意，誓不两立！哪里都有我的敌视！

我愿为此高歌，虽然我独自一人在空荡荡的房间，但可以唱给自己听。

当然，其他人在房子里挤满了人的时候才能唱得好——而我不一样。

可以教人飞的人最终将转移所有的地标。在他看来，所有的标志都会飞走，他会给大地重新命名——被称为"轻盈之身"。

鸵鸟跑得比马快，但它仍然会一头扎进土地深处——人类也是如此。

大地和生命对人是沉重的，想变得轻如飞鸟，你首先要爱你自己。

绝对不能用病态的、意识不清的爱来爱你自己，一个人首先要学会爱自己，以健康和正常的爱来爱自己。这样才能与自己安然相处，而不是在外飘荡。

这种飘荡自称为"友善"，这些话是最好的谎言和欺骗，特别是那些一直是人类沉重负担的人。

事实上，没有人想让我们学会如何去爱自己。这是艺术中最优秀复杂，最深刻包容的一种。

拥有一切的人深藏不露，到最后才了解到自己的珍贵——这些都是严肃精神造成的。

当我们还在婴儿时期，就被铸上了多重名词的镣铐："善"与"恶"，它声称是天赋。正是这些让我们的生存被宽容。

因此，当我们有了孩子，如果他不能适时地爱自己，也是严肃精神造成的。

——《尼采文集》

304 人身上背负的壳

我们，忠实地继承了天赋，背着它翻越高山，当我们挥汗如雨时，人们会说："是的，人生是一个非常艰难的负担！"

然而，只有人才是一个非常艰难的负担！他的肩膀承载了太多的外界事物，他像骆驼般跪下，背负起人的重荷。

特别是强大的又有敬意的人，他背负了更多外来的重量，他的生活就像沙漠！

事实上，原本属于我们自己的东西也很难承受，人类有许多内在的东西，它们像牡蛎一般，滑手又讨厌。

他们必须有一个好看的外壳来为自己辩护。我们也该学习这种艺术：有一个外壳、一个良好的外表以及聪明的耳目！

此外，许多的外壳因为不够美丽而显得可怜，但是那仅仅是一个外壳。在人类身上往往隐藏了很多，我们从来没有想过自己其实隐藏了这么多善良和力量，像一匹遇不到伯乐的千里马！

——《尼采文集》

305 挑剔这个世界

最出色的女人能熟练地控制自己的身材——一些小的差异往往能决定命运。

人发掘起来很难，尤其是发掘自己。精神往往摆出一副关爱的样子，这是严肃精神造成的。

然而成功发掘自己的人却说:“这是我的善与恶。”那些一再提倡“全体的善与恶”的盲人和矮子便不再说话。

真的，我不喜欢说一切都好，这个世界上最好的人，他们怎么都会满意。

满足，它知道如何品尝一切，但没有品尝到最好的味道！我钦佩那些顽固又挑剔的舌头和胃，他们会说，“我”“是”和“不”。

总之，咀嚼消化一切是猪的个性，总是说“好”是驴子一类生物的做法！

我爱深黄色和红色，因此经常把血和各种颜色搭配在一起。如果一个人的房子是白色的，那等于是告诉我他的想法也涂有一层白色。

——《尼采文集》

306 我的挑剔

一些人迷恋木乃伊，一些人痴迷于鬼，他们都是敌对血和肉的——我喜欢的却不同，因为我爱血。

我不喜欢居住在恶心的、让人唾弃的人之中：这是我的爱好——我宁愿生活在小偷和伪证者中，谁嘴里是一口金子呢？

在我看来，舐人口水的人是最令人厌恶的，我称他们为“寄生虫”，他们不希望爱却靠爱生活。

那只有一个选择——不是成为一只野兽，而是成为驯服野兽的人，很不幸，我必定不会与他们共处。

那些要永远等待的人，不符我胃口的人，他们是税吏、商人、国王和地主。

我也学会了等待，一心一意地等。我只等待自己，等自己学会了站立、行走、奔跑、跳跃、攀爬和跳舞。

这是我的告诫：想飞必须先学会站立、行走、奔跑、跳跃、攀爬和舞蹈—— 一口气吃不成胖子。

我学会用绳梯越窗，爬上高高的桅杆，坐在知识的桅杆上，对我来说是极大的幸福。

在桅杆上晃动着的火苗，只是一点点微光，但它是遇难的水手、沉船者的希望！

我用各种不同的方式实现我的真理，不仅在一个阶梯的高处眺望远方。

我不愿向人问路，我宁愿问道路本身，亲自试试。

整个漫游是尝试和质询，这是我喜欢的。

这纯粹是我自己的喜好，无关好坏，我不因此害羞也不再隐瞒。

“这是我的路，你的呢？”我回答那些问我“路”的人，因为每个人都该去选择自己的路！

——《尼采文集》

Part - ⑩

用艺术的激情追求疯狂的意志

在尼采看来，艺术也是一条通往自由的路径。艺术是最能让人陷入疯狂境地的事物，在沉醉于艺术的状态中，人是最接近于永恒的。尼采甚至断言：“世界就是一件自我孕育出的艺术品。”

307 艺术

我们的宗教、道德和哲学是人类堕落的产物。

相反的运动——艺术。

艺术哲学家——艺术的更高概念。一个人如何在与他人保持如此遥远距离的情况下去塑造他们呢？

有些艺术品是在没有艺术家的情况下形成的，比如一个机体、一个组织（普鲁士军官团、耶稣会教团）。艺术家在某种程度上仅仅是一个初级阶段。

世界犹如一件自我塑造的艺术品。

——《尼采文集》

308 艺术释放的两种力量

“艺术家”这一现象是最容易了解的，“艺术家”能够窥探到强大的、自然的本能，甚至是宗教和道德的基本本能!

“游戏”看似无用，其实它是有扭转乾坤能力的人的理想，是“孩子气”，像顽皮的孩子。

世界的存在状态分为酒神和日神两种。艺术本身就像一种自然的力量，通过这两种状态作用于人体，支配人，不管他是否愿意，作为一种走向幻象或者放纵的动力。这两种状态在日常生活中也有，但是在梦中、喝醉的时候相对较弱。

然而，梦和喝醉也有些不同，它们在我们身上释放的艺术力量是不同的：梦中释放视觉、关联和诗意，酒后释放态度、激情和歌舞。

——《尼采文集》

309 审美状态的产生

在性欲、喝醉、聚会、胜利、嘲笑、残忍、宗教意义上的狂喜等状态中，事物都比别时多了一份荣耀和丰富，人也变得诗意起来，它们反映了我们的富有和欢乐。性冲动、醉意和残酷是最主要的，它们是人类最古老的节日般的快乐，在最初的“艺术家”身上有显现。

反之，荣耀和丰富的事情容易激发我们身上的动物本性，让人感到兴奋，有快感。这些非常复杂的细微差别的混合就是审美状态。审美状态只会出现在身体自然活跃的时候，第一推动力是体内的活力。清醒的人、筋疲力尽的人、无趣的人都无法感知，因为他们没有艺术背后的推动力量和内在的逼迫，不给予也就无法获得。

“完满”在上述状态中天真地揭示出了强烈的本能，被尊为最高、最有吸引力、最宝贵的东西，透露了本能上升趋势，而实际上这也是本能的努力方向。完满是本能的强烈感觉，是扩展，是丰富，是一切堤防破裂后的溃散。

——《尼采文集》

310　艺术的力量

艺术使我们想起动物的生命力，它是一个强大旺盛的肉体，醒目地存在于形象和意愿的世界里。

丑陋在这一程度上也有同样的威力，它传递着艺术家胜利的能量，他主宰了丑陋和可怕的东西，或者在此程度上，激发了我们身上的残忍快感。

——《尼采文集》

311 美的强制力

对艺术家来说，“美”高于一切，是因为美能制服一切对立，这是强力的标志。不感到紧张，不需要暴力，俯首听命很容易，带着顺从的神态——这使艺术家的意志开始雀跃。

——《尼采文集》

312 艺术的发生

艺术的发生，就是制造完满和发现完满的过程，这是负担过重的大脑组织所固有的机能（和爱人共度黄昏，大脑会自行美化最细小的偶然事件，生活被美化为一连串精美的事物，如“不幸的爱情之不幸，其价值高于一切”）。另一方面，每种圆满和美的东西，都会像热恋状态一般勾起人们无意识的回忆。对艺术和美的渴望是对性的追求的间接渴望，它把这种快感传递给大脑，并通过“爱”变幻出完美的世界。

——《尼采文集》

313 乔装打扮的欲望的三个方面

肉欲被乔装打扮了：第一，受到年轻人推崇的一种理想主义的爱情（“柏拉图式”），在凹面镜的效果下，情人显得与众不同，这是一种镶嵌、一种夸张、一种美化，一种将万物囊括其中的无穷；第二，在爱情这个宗教中，“英俊少年”“窈窕淑女”，无论如何都是神圣的，是心灵的新郎和新娘；第三，在艺术中，作为一种“装饰”的力量，就像一个男人看一个女人时，简直要把人间一切优点都当作礼物送给她一样，艺术家的肉欲也把他尊重和珍视的一切赋予一个对象，这样地去完成一个对象（把它“理想化”）。女人意识到男人的这种感觉，就迎合男人理想中的完美，浓妆淡抹，弱柳扶风，挖空心思，将自己装扮得娇羞和矜持——出于一种要增加男人的理想化的本能（尽管女人知道正是天真而真实的羞怯对男人有着最强的诱惑力，促使他给女人更高评价，但娇羞并不意味着故意虚伪，只是女人天生具有细致的本能。女人因此而天真——出于本能的细腻，这种本能让女人使他知晓天真的妙处，故意闭着眼睛不去自省……无论什么场合，只要无意识地使矫饰更有成效，那么矫饰就会变成无意识的）。

——《尼采文集》

314 音乐的魔力

在音乐面前，所有借来的词汇都是苍白无力的，言语让内容变得稀薄而愚蠢，抹杀了个性，化解了神奇。

——《尼采文集》

315 “病态”的艺术家

现代艺术家们多半歇斯底里，这也是他们的性格所在。但实际上他们是在为撒谎的乐趣而撒谎，每个假装的艺术都令人震惊——如果病态的虚荣未被愚弄。这种虚荣像连续的发烧，需要麻醉剂来缓解，自我欺骗和片刻的舒适都吓不倒它。

他们的整个系统是简单又极易兴奋的，把他们所有的体验转化为危机，“戏剧性因素”融入最琐碎的细节里，以减少被预言的可能性。他们仅仅变成教会的角色，有时这个角色，有时那个角色，带着无耻的傲慢的东西自称。碰巧也是在这一点上，他们和演员一样棒，所有这些可怜的自由意志的人，医生总是在研究他们，利用他们的表情，变换着技能进入任何一种角色，这着实让人震惊。

——《尼采文集》

316 艺术家的激情

艺术家不是很有激情的人，即使他们喜欢如此号称。证据是，首先，他们对自身缺乏羞耻感；其次，他们通常不喜欢为了所谓的激情而浪费才情。才华横溢的人是自己才能的牺牲品。

——《尼采文集》

317 艺术家的贞洁

理性的生活是一种相对的贞洁，在思想中也对色情保持谨慎态度，这对自然丰满的天性来说是一种巨大的生活理性。这一原则特别适用于艺术家，它属于最高的智慧。现在，这个观点的呼声越来越高，造成者有司汤达、泰格蒂聂、福楼拜。

根据其性质，艺术家的性欲该是相对旺盛的，他们易激动，每个官能都是开放的，保持敏感。因而他的克制显得更加珍贵，甚至比常人更贞洁。他的优势和本能要求他慎重，随意消耗是不被允许的。消耗在艺术构思上还是性行为上？聪明的艺术家显然会做出正确的选择，在后者上消耗自己是一种背叛，是对自己艺术的贬低。

——《尼采文集》

318 艺术家的孩子气

艺术家的掩饰，不在乎利益和真实，是充满“孩子气”的……他们平常的举止，他们的不理智，他们对自己的漠不关心，对“永恒的价值”的漠视和他们对“游戏”的投入使他们不像成年人。小丑与上帝、圣人和恶棍都只有一墙之隔。不断上升的艺术家和不断下降的艺术家是否属于所有阶段……是的！

——《尼采文集》

319　循着感官生活

到目前为止，我觉得艺术家比所有哲学家更正确，他们一直沿着生活的轨道前进，他们喜欢“人间”的东西——他们爱自己的感觉。对我而言，追求“禁欲”，要么是一个纯粹的伪善和自欺欺人，要么可能是一个误解、一种疾病或治疗方法。

我希望我自己及不受清教徒良心问题影响的人们能如此生活，不断提升精神性和多样性，我们乐于拥有精细、丰富、有力的感官，并为他们奉上我们最好的精神食粮。与那些将感官斥为异端的僧侣、行而上的学者完全不同，我们不再需要制造异端，像歌德般那样热爱尘世事物，这是受过教育的标志，是一个伟大的人类价值观——当人美化自己，他本身就是个存在的美化者了。

——《尼采文集》

320　艺术的悲观主义

艺术家因为方法而喜欢方法本身，认可它极端的、精致明亮的颜色和悦耳的音色——这些特色都让人动心。所有有特色的事情，所有令人兴奋的细节，都让人想起了酒醉后的亢奋。艺术品要刺激艺术创作状态，刺激醉境。

艺术的本质在于产生、完善和丰富，艺术本质是个祝福，是存在的神化……那艺术的悲观主义岂不是自相矛盾了吗？是的，叔本华的观点是错的。悲剧不教导人们迷信命运，艺术家已经展现了自己强大和壮阔的气魄，他不害怕他们，根本不存在悲观艺术。那佐拉·龚古尔兄弟的作品表现丑陋的东西，然而，他们表达的原因是为了好玩。别再执迷不悟，你就是欺骗自己。陀思妥耶夫斯基是怎样的救星！

如果我的读者充分了解生活在一个大舞台上“善”也意味着消耗，他们会尊重基督教的结论。在把善想象成丑的问题上，基督教是对的。

对于哲学家，宣布“善与美是一回事”是卑鄙的，如果他强调是“真的”，他真的该打。可见，真理是丑陋的。

我们有艺术，我们依靠它，就不必摧毁真理。

我们要反对艺术的道德化，艺术应摆脱道德的束缚，或是嘲笑。奔向自然，自然是美丽和恐怖结合。

脆弱奢侈的灵魂，一丝微风就能使它黯然。

褪色的古老理想，用严厉和残酷的觉醒来恢复他们真实的颜色，它们是最宏伟的大怪物。

道德化的艺术家会变成蠕虫，且忸怩虚伪，认识到这一点是莫大的享受。

艺术的虚伪性在于，非要将肉欲、醉、兽性这些理想化的、非道德性的基本力量公之于众。

现代艺术造假行为被认为至关重要。换句话说，它适应现代的实际需要。

要填补才能、教育、阅历和素养的缺陷。

第一，他们找到一些无知的大众，要求大众无条件地对他们虔诚。这个迷信的世纪，迷信“天才”，也促进了无条件的虔诚。

第二，他们虚张声势地谈论民主时代的黑暗面，这显示了姿态的重要性。

第三，他们把艺术混合起来，将教会、民族主义和哲学的目的混同起来——他们将自己塑造成了神。

第四，他们奉承女人，他们的鸦片和麻醉剂显然也是有效的。他们会使受过教育的人，读过诗歌和古老历史的人坐立不安。

——《尼采文集》

321　骗子与大师

“公共”和“杰出者”的区别是，满足前者就满世界都是骗子，满足后者就满世界都是大师。19 世纪这个独一无二的时代抹去了这一区别，雨果和瓦格纳的伟大骗术，是与其真正的艺术造诣融合，以致他们在艺术领域也行诡诈之事。因而称不上伟大。他们有一双摇摆不定的眼睛，有时要满足最粗俗的需要，有时要照顾最精致的需要。

——《尼采文集》

322 虚张声势的强化

虚假的“强化”。

第一，从浪漫主义角度来看，这不是一个强大的表现力而是欠缺感的标志。

第二，有画面感、戏剧性的音乐，更容易。

第三，“激情”是一种神经性疲劳，如获得、沙漠、暴风雨、宴会和可憎之物的享受，从一个大、坚实的事物中得到享受，事实上有对超出寻常的崇拜。

第四，刺激性主题是为那些超负荷工作、松懈、虚弱的人制定的。

人们必须以暴制暴。

——《尼采文集》

323 暴政艺术

现代艺术是一种政治艺术的暴力，有着粗糙、强行实施的逻辑和公式化的题材，这个公式在施行政治暴力。线条中的混杂、压倒性的积累使感官迷茫混沌，使颜色、主题和欲望变得离谱，例如，佐拉、瓦格纳以及更具有精神层面的泰纳。剩下的便是逻辑、积累和武断。

——《尼采文集》

324　文学和音乐中的异国情调

瓦格纳音乐的根源是文学，充斥着法国浪漫主义。他的音乐将人带入一个非常遥远的史前世界，整个地平线被丰富的色彩描绘出来，表达对更遥远的未知世界的幻想。

不要骗自己，民族主义不过是异国情调的一种，浪漫的音乐家的描述让不同国籍的人们想象经历奇异的事件，领略佛罗伦萨和威尼斯风味的激情，并乐于在想象中寻求。

——《尼采文集》

325　艺术的民族性与世界性

文克尔曼和歌德笔下的希腊人，雨果笔下的东方人，瓦格纳的冰岛诗歌中的人，斯科特笔下的13世纪的英国人——有一天这喜剧会被拆穿！所有这一切都是虚假的，但它是时尚的。

不同民族的天才对待外来事物的态度是不同的：英国的天才把感受到的东西粗俗化、自然化；法国天才将其简单化、逻辑化，并打扮起来；德国天才则乐于把它融合，使之道德化。意大利天才会更巧妙地使用它，并填补更多东西，他们是最伟大的天才。犹太人借助奥芬巴赫、海涅把自己变成了艺术界的天才。法国的音乐家奥芬巴赫是一个最诙谐的、最纵容的色情狂，作为一个音乐家，他保持着伟大的传统，他是一个真正的解放者，摆脱了德国浪漫主义音乐家堕落的感伤。

——《尼采文集》

326　奥芬巴赫

奥芬巴赫，法国音乐家，拥有不输伏尔泰的智慧和自由放任，带点儿高傲，但是他的明朗、机智使他过于平庸，他没有病态也没有维也纳人的好色、做作。如果艺术家的天才表现为规范指导下的最高的自由、攻克难过时的轻快和敏捷，那么他将比瓦格纳更加“天才”。瓦格纳是个沉重而节奏缓慢的人，对他来说，纵情是最不擅长的，而这对奥芬巴赫则是轻而易举的。

——《尼采文集》

327　戏剧音乐是拙劣音乐家的捷径

我们的现代音乐，旋律就像“思想”、辩证法，自由的、精神的运动一般软弱、笨拙又缓慢。这正在发展成一种风格，甚至发展为一种理论、原则。最后，只剩天资的原则，即天资狭窄。

戏剧音乐是乱扯！这样糟糕的音乐，人们以“感觉”和“激情”替代到达不了的最高智慧和幸福。“感觉”和“激情”更容易表达，这反过来为可怜的艺术家指明了生路，转而去剧院。这暴露了一个艺术家占据的虚假超过了真实。所以，我们有了戏剧绘画和戏剧诗歌。

——《尼采文集》

328　音乐的范例

我们的音乐中，音乐家缺少规则和创造良心的美学规范，由此产生的后果是，斗争中缺乏足够的“原则”，因为音乐家也会嘲笑赫巴特幻想，就像嘲笑叔本华的幻想一样。一个巨大的困难在于，我们不再有“典范”“优秀的技能”“完美”的概念，倚着爱和欣赏的本能暗中盲目地摸索，我们几乎相信“我们喜欢的就是好的”。

贝多芬完全无辜地被称为“古典”，这种情况已经引起了我的质疑，我本该严格遵守。在其他艺术中，人们对经典的理解与贝多芬是相反的。更重要的是，瓦格纳完美夺目的风格的瓦解，即所谓的戏剧风格，也被视为“示例”“优秀的技能”和“进步”，被其他人效仿。所以我无法忍受戏剧风格的音乐，如瓦格纳的理解，是干脆放弃风格，戏剧比音乐重要得多！

——《尼采文集》

329　勇气的分类

人的勇气有三种，对人，对事，对峙。例如，德国神学家和哲学家施特劳斯的勇气就属于最后一个。而对峙又能分为有证人的勇气和没证人的勇气。一位基督徒，上帝的信徒的勇气是有证人的，这足以使它贬值。我认为，出于禀性的勇气、畏惧的勇气、道德的勇气、出于绝望的勇气都属于后者。

瓦格纳的勇气是这样，即便在音乐方面基本是绝望的。自然文化、天赋和没有音乐训练是成为好的音乐家的两个主要因素。瓦格纳太有勇气了，他把缺陷当作一个原则，发明了自己的音乐。“戏剧音乐”，他自己制造的音乐，它的概念是瓦格纳的边界。

这不是对他的误解，5/6 的现代音乐家与他的情况一致。瓦格纳是他们的救世主，5/6 是个保守估计。只要自然还在无情地显示自己文化是偶然的，还在不被熟知的状态。艺术家就会本能地将热情转向瓦格纳，像诗人歌德在《渔夫》中所说的那样：“一半是被她拖，一半是他自沉。”

——《尼采文集》

330 音乐和伟大的风格

艺术家的伟大不是用他激起的“美感”来衡量的，这是女人们相信的把戏。艺术家的伟大应该以擅长伟大风格的程度来衡量。伟大风格和伟大情绪的共同点是，不屑于讨好、劝说他人，它下命令，支配着人们，迫使他们的困惑变成形式。

简单、清楚，像数学、法律一样——在这里，这是伟大的抱负。所以人们被吓退，没什么能刺激这种强烈的爱，他们的周围是沙漠，他们沉默着，好像面临着一个巨大的邪恶而陷入恐惧。所有的艺术家都熟悉这种伟大风格的音乐，为什么音乐看不到他们？没有音乐家像建造碧提宫般地建造音乐，这是一个问题。莫非音乐属于那种文化？各种类型的强大王国已经走到了尽头，还是这种概念与音乐的灵魂发生了冲突？

——《尼采文集》

331 浪漫主义者

浪漫主义，如同现代所有问题一样，模棱两可。

审美状态是双重的：一方面是丰富和给予；另一方面是寻求和欲望。

浪漫主义者是这样一位艺术家，巨大的不满成就了他，他用眼睛回顾过去。

——《尼采文集》

332 古典主义者

古典主义与浪漫主义的对峙——是否隐藏了积极和反动的对立。

一个古典主义者，要具备强大的、充满矛盾的才能，但他们应该共同遵守统一规则，以便在合适的时间走向文学、艺术和政治的巅峰。它最深的内在精神反映了一个完整的画面，这整个画面是稳固的且尚未被外国模范污染。审慎向前的精神，在任何情况下，哪怕是憎恶也会被肯定。

——《尼采文集》

333 古典主义

关于未来，浪漫主义要懂得“古典”趣味和一定程度的冷峻、透彻、严格是怎么保持一致的，还要懂得理智和快乐，关注情感、情绪、憎恶、仇恨，不确定性、吞吞吐吐，尖刻、美丽和善良。一个人不应该玩艺术公式，应不断改善生活。

这是一个有趣的喜剧！赫尔德、温克尔曼、歌德和黑格尔宣布重新发现古典理想，还有莎士比亚！他们想要切断与法国古典学派的关系！似乎从别处能够学习基本的事情！但人们想要“天性”“自然”是多么愚蠢啊！人竟然以为古典主义是一种自然的行为。

放下偏见和放任来想想，古典趣味应该植根于什么样的土壤里？应该是强硬、简单、强大、具有侵略性的逻辑和心理的简化。蔑视细节，复杂而含糊。

德国浪漫主义并不反对古典主义，但是反对理性、启蒙和18世纪。

——《尼采文集》

334 虚无的艺术家

我们仇视感动，逃到一个地方触动我们的感觉和想象力，我们不必想念北部的自然道德的伪善和谨慎，艺术也是如此。我们宁愿选择不去提醒我们“善与恶”的东西。我们的道德敏感和疼痛被自然和宿命论拯救。善是没有生命的。

不去关心所谓的善与恶。

历史没有正义，无关乎善，因此，一个悲观主义的艺术家将进入历史。在那里，正义的不存在表现出的是非凡的儒雅气质，这反而显得完美。同时他也进入了自然，不必隐瞒冷漠的性格，自然表达才是完美的。虚无主义艺术家对待历史和自然偏好的态度恰恰透露了自己的性格。

——《善恶的彼岸》

335 悲剧的因素是什么

我已多次指出亚里士多德的误解，他相信两种沮丧的情绪：恐惧和同情。假设他说得对，悲剧是一种危及生命的艺术，那么人们必须警惕它，像警惕某种有害的、臭名昭著的事情一样。

艺术是生活的兴奋剂，生活的陶醉和求生欲，却被理解为服务，像是损害你健康的悲观主义女仆一样。激起了恐惧和同情的东西是在瓦解人、削弱人。

如果叔本华关于悲剧让人迷信生命的看法是对的，就要设想哪种艺术在自己否定自己。因此，悲剧意味着在一个崩溃的过程中，生存本能在毁灭自己和他们自己的艺术本能。

——《尼采文集》

336 艺术家的悲剧

“美”是否成立？为何成立？这既关乎力量，也关乎成就感。对无力的本能，强力感只能评估为“丑”，当然也会有美的判断。有一种嗅觉能让我们的肉体躲过诱惑和危险，它决定了我们的审美观。

因此，简而言之，偏爱可疑和可怕的事情说明是有力量的，偏好美丽和微小的事情是疲弱、谨慎的象征。喜欢悲剧是强劲的时代品格，他们在悲剧的残酷中获得肯定，强大到以痛苦为乐。

相反，懦弱的人并没有在为他们而设的艺术中得到享受，为了使悲剧符合他们的口味，他们会将自己的价值感塞进悲剧。例如,“道德世界秩序的胜利”“生活毫无意义”或是“命运”的需求。

最后，只要能刺激神经的恐怖艺术就会被懦弱者和疲倦者喜欢，这就是瓦格纳的艺术成为风潮的原因。能否承认一个可怕和可疑的事物，需不需要一个“答案”，是幸福和力量的标志。

这种艺术的悲观主义是完全违反道德宗教悲观论的，后者被人类的“颓废”和存在所折磨。对苦难的人、绝望的人、不相信自己的人来说，振奋人心的幻想是支撑他们活下去的条件。

堕落的艺术家和他们是相似的，从根本上以虚无态度生活。

他们习惯逃逸到"美丽"的形式之中，逃到他们自己选择的事物里，因为那里才有他们想象中的"完美"。

悲剧艺术家的深刻，便是来自于他能洞察未来或者过去的审美直觉，而这种直觉不仅局限于周围的事物之中。

——《尼采文集》

Part - ⑪

拥有审美的心，能够付出爱

外貌的美丑，很大程度上就是个人内心的折射。拥有一颗审美的心，你才能发现更多的美；可以肯定地说，一颗阴暗丑恶的内心中，是装不进什么美好的，更谈不上付出爱了。

337 美学的态度

更改共同美学的态度是重于心态的改变的。证明或反对智力混乱的概念，审美眼光和审美口味的改变，这些只是问题而不是原因。

一般的审美态度是怎样改变的？个人以为，非常强大的人对可笑而荒唐的傲慢和行动没有感到任何的惭愧和内疚。所以他们倾向于把抑制加在许多人的身上，因此，逐渐形成一种习惯，最后形成了一种不可或缺的必要性。

实际上，由于生活方式和背景不同，这些人的发展趋势是不一样的，即使在他们的大脑和血液里——也就是有机盐的含量是不同的，所以“品味”也不一样。无论如何，这些人，毕竟勇于承认自己的身体和别人是有差别的，并将尝试欣赏他们美丽的旋律、他们的美学和道德评判，就是说，他们的身体渴望最美丽的旋律。

——《尼采文集》

338 快乐的智慧

对财富和爱的渴望，这二者有何区别和联系呢？也许它们只是同一种刺激的两种名称。一种情况是，用先入为主的观点来定义这种刺激属于对财富还是爱的渴望。另一种情况是，用不满和渴望并因此美化为“善”的观点来观察。我们对邻居的爱，算不算一种对新的“财富”的追求？同样地，我们对知识和真理的爱，以及一般对于新奇的追求算不算另一种对“财富”的追求？

我们已经逐渐厌倦了平淡无奇的拥有，而再度伸出了我们索取的手。即使是在风景最美的地方住上三个月，我们也不再那么喜欢了。任何宽广无垠的海岸都会引起我们的贪念和妄想！我们所拥有的东西大多因为拥有而变得不再珍贵了，快乐试图在我们身上不断地花样翻新以维持其自身（仅仅是拥有）。当我们对拥有的东西产生厌倦的同时，我们也对自身产生了厌倦（在我们拥有太多东西的时候便会感到痛苦）。看到任何人有了困难，我们会乐于抓住机会去帮助他而无所企图，一个仁慈或有同情心的人都会这样做，而他依然会将催促他去获取新的东西的欲望称作“爱”并且乐在其中。

显而易见的是，异性之间的爱已经背叛了它自己，因为对“占有”的追求，恋爱中的人总是希望绝对而且单独地拥有他所追求的对象。他企求对对方的灵魂和身体都拥有绝对的控制权，他要独享对方的爱，并且将自己驻留在另外一个灵魂里。当她认为整个世界都被排斥在他所心爱的一切之外时，当她认为这个情人已看到其他情敌的贫乏困穷，却只想守住他的金库，好像是所有的“征服者”之中最轻率自私时，当她最后认为，对这个爱人自身而言，这个世界不但显得冷淡、苍白、毫无意义，而且他已准备不顾一切要扰乱所有的秩序，并置别人的利益于不顾时，他将惊讶于这种对财产以及不正当的残酷欲望，竟一直被“美化”与“神圣化”到了如此程度。是的，这个爱应当作为与自我本位爱的相反概念的起源，尤其是当它也许确是自我本位最不适合的表示时。

显然，这里所说的一无所有的人和渴望拥有的人已经有了特定的所指（当然，这在以前是很多的）。那些受“拥有许多而且太多”惠赐的人，例如所有那些最可爱并得到最多爱的雅典人，便经常将“狂暴的魔鬼”这个名词漏掉一部分。不过，厄洛斯（希腊爱神）总是笑这些斥责的人——他们一向是他最宠爱的。当然，在地球上到处都有一种爱的趋向，在这种趋向中，两个人相互间的贪求使他们屈服于一个新的欲望和贪念。而在一般人眼中，高等一点的人便向往有一个有优势的立足点，以便骑在别人头顶上。总之，谁知道这种爱？谁又体验过它？它的名字就叫作友谊。

——《尼采文集》

339　距离之外的耐心

许多伟大已经被我们遗忘了，就好像许多的善，只能隔着距离让人看，而且它完全来自低下的一面而非高尚的一面。或许在你的周围，有许多人只有从某个距离才能看出他自己是有耐心、有魅力和有朝气的，那是因为他们的自觉被蒙蔽了。

——《尼采文集》

340 爱与正义

人们为什么更多地去评估爱，却忽视了正义，爱被说得很好，由于它本质上比司法公正得多，又看起来比正义愚蠢得多——毫无疑问，因为这个原因，我们都觉得它特别受欢迎。这是愚蠢的、有财富的，礼物被分给每个人，就算有人不值得给予一份礼物，它也得给，但人们却不是很感激它。像雨那样没有偏执，依照圣经来说，根据经验，不仅不公平的雨使人湿透，在某些情况下，绳之以法使好人也湿透了。

——《尼采文集》

341 爱真实的对方

爱，并不是让美貌与杰出的人属于自己，或是将其置于自己的影响之下。

爱，并不是寻找或识别与自己相似的人，也不是接纳喜欢自己的人。

爱，是为了与自己截然不同的人感到喜悦，即便是与自己拥有相反感觉的人，也要为他的感觉而喜悦。

爱，不是用来填补两人差异的，也不是用来拉近双方的距离。

为两者之间的差异而感到喜悦，才是爱的真谛。

——《漂泊者及其影子》

342 爱的解药

如果你爱得痛苦，它有一个明确的疗法。

即，让爱变得活跃、广泛、温暖而强大。

因为只有爱才是爱的解药。

——《曙光》

343 反复的学习

听音乐，不要因为它的奇怪而感到厌恶。应该有耐心，宽容地听到最后。

反复听几次，才会产生一种亲密感觉，并逐渐发现音乐的魅力，挖掘出它美丽的深度。这样才会爱上它，使它变得非常重要。

不仅是音乐，我们的爱，也是从不认识的人开始的。我们沿着路向前走，学习着去爱。爱工作，爱他人，也爱自己。

爱总是在路的尽头，在起伏不平的学习之路的尽头。

——《快乐的知识》

344　改变方法去爱

一个年轻人对什么感兴趣？几乎所有的新鲜、有趣、古怪的事情。然后我们不在乎什么是真，什么是假。

在这个人有点成熟的时候，他们才开始爱真实和有意义的东西。

更成熟之后，他将会爱上这个少年时觉得无聊、没有兴趣、没有深度的真理。因为我们会发现真相的简单，朴素的语言描述得更深远、更深刻。

人们会在变得深刻的同时，改变方法去爱。

——《人性的，太人性的》

345　欲望

爱有一双慧眼能找到人类所有美好的心，爱只关心这些美丽的心。爱有欲望，改善的愿望。

——《曙光》

346　爱的作用

另一边的善与恶：这是一种完全从外部来判断道德的善与恶。

爱从一切地方显现。爱的行为、范围之外的价值判断和阐述都在这里。

——《善恶的彼岸》

347　被遗忘的爱

让性统治身体，这是极其危险的。因为性欲将仅维护两个连接，而一个真正的枢纽——爱会被遗忘。

爱会慢慢变得强壮。不可以让性行为抢到第一，其发展的速度最好比爱晚一点。

——《善恶的彼岸》

348　爱在行为

感觉不像行动那样可以提前预约。感觉不能控制。爱不仅仅是感觉，爱的本质是行为。

——《人性的，太人性的》

349　找到合适的恋人

在守候适合自己的人吗？想找一个爱人吗？想要一个人深爱自己吗？没有比这更固执己见的了！

你曾经试图成为一个好男人，更受欢迎吗？

有一个人爱自己才够吗？那个男人是人群中的一个！他们不喜欢你，怎么会爱你呢？你没有困惑吗？最早开始就是自作多情！

——《人性的，太人性的》

350 如果你犹豫是否应该结婚

也许你犹豫是否要结婚，那么请停下来问自己：

再过几十年，你们仍然彼此交谈得很好。

两个人通过不同形式使婚姻持续很长的时间，但那些都只是一时的，终有一天会消失。

两者之间的对话，占据大多数的婚姻时间。随着年龄的增加，时间将让彼此有更多的对话。

——《人性的，太人性的》

351 渴望爱情

不管男性还是女性，人们总是认为他们应该得到更多的爱，那么他们将有趣地争吵各种不必要的问题。

换句话说，双方都感觉更好，更值得爱。双方都沉浸在自恋中。

——《人性的，太人性的》

352 责任与梦想

你应该承担责任，实现梦想。

你不想承担责任，不去实现梦想，或者你没有足够的勇气？

要知道你的梦想是你自己的。

你应该努力实现梦想。

——《曙光》

353 爱即宽容

爱即宽容。

爱，甚至要把欲望熄灭。

——《快乐的知识》

354 饱含真爱的行为总是自然的

亲切地对待别人，就能感到快乐。亲切或善意本身不会带来愉悦感，但会使你觉得离圣人或好男人更近一步。

但在生活中，善待朋友和熟人，是一种无意识的善举。人天生具有好行为，但不觉得完成后已经成为圣徒。

然而，这种行为充满了爱，比有意为之更高尚。

——《漂泊者及其影子》

355 最大的自恋

什么是最大的自恋呢？

是“我想被爱”的要求。

它包含这样的想法：我能够被爱。这种人相信他是最特殊的，地位很高。他们掌控歧视别人的权力，发现自己是唯一具有特殊评估资格的人。

——《人性的，太人性的》

356 失去了爱

忘了如何去爱，然后，你会忘记珍爱的东西在自己心头。

所以，失去自己你将不能继续生存。

——《曙光》

357 爱能推动增长

当你爱一个人时，你会不断隐藏自己的缺点和弱点。这不是虚荣，只是不想伤害爱的人而已。

然后，你会发现彼此的缺点，厌恶之前，努力纠正缺点。当逐渐成熟后，你会成为更接近完美的人。

——《快乐的知识》

Part - ⓬

美就是内心的强大

尼采的思想是不能容忍弱小的，尤其不能容忍那些自甘堕落为弱小的人。一个在内心已把自己视为弱势的人，甚至连同情都不配被施与，这样的人也不能感受到美的存在。

358　放弃理想会变得肮脏

不要放弃理想。不要抛弃你心里的英雄。

每个人都有很高的理想和梦想。不能说怀旧的话，那已经是过去的事了。永远不要放弃实现它们的机会。

无意识地放弃理想和梦想将在心中播下嘲笑的种子，蔑视那些只在口头上提到理想与梦想的年轻人。心灵会嫉妒、污染、肮脏。自我激励、自我否定的心会被远远地抛在后面。

为了更好的自己，为了不侮辱自己，就不应该放弃理想和梦想。

——《查拉图斯特拉如是说》

359　遇到更高的自我

有一天，你突然遇到比平日更清晰、更先进的自我。在那一刻，你会会高兴地知道存在更高的自我。

请珍惜！

——《人性的，太人性的》

360 给年轻人

你想在高处自由自在。然而，这样一个年龄因为年纪太轻，你也会面临许多危险。

然而，我热切地希望，你将不会失去爱和希望，永远。认真祈祷你从不加入放弃灵魂高尚的英雄队伍。你总是希望到达最神圣的顶峰。

——《尼采文集》

361 向前走吧

最重要的价值，不是从哪里来而是到哪里去。荣誉也一样。

你的目标是未来，不要纠结过去，去走未来的路。放弃不愉快地谈论这个梦想却不采取行动的现状。

继续前进，走向远方，走向高度。

——《查拉图斯特拉如是说》

362 用反差发光

画家不能独自在双手涂上颜料，描绘出一个美丽的天空。

但画家可以在画布上调整色相的景观，用这种方式让它真正更深刻地体现事物的性质，天空看起来会更加光明。

这种技术不只适用于书画。

——《曙光》

363 距离产生美

我们需要到遥远的地平线去。

例如，当你离开亲密的朋友，独自想念他们时，朋友们会变得更加漂亮。和朋友们在一起时是绝对没有这种感觉的。离开音乐，你可以感受到自己深沉地爱着音乐。

在远处，才能使事情看起来更加美丽。

——《曙光》

364 学会矜持

孔雀不在人多的时候开屏，因为它矜持。

动物都知道害羞，人类更不能恬不知耻。

——《善恶的彼岸》

365 不要迷信知识

勃朗峰周围的山区景色美丽。但旅游知识却告诉人们:“勃朗峰是最高的山峰，有美丽的景色。”因此，拥有知识的人们的视觉总是专注于勃朗峰上。

他们不能让自己的眼睛欣赏到真的美景。

不要迷信书上的话。用眼睛寻找真实的美。

——《漂泊者及其影子》

366 向树学习

松树总是笔直的，好像在听风。

冷杉从不打盹儿，似乎在守候什么。

树木没有焦虑，没有惊慌，从不心烦意乱，不随便抱怨，耐心地在沉默中等待。

我们应该向不竞争的松树或杉木学习。

——《漂泊者及其影子》

367 自然的柔情

偶尔去广袤的大自然中漫步，舒缓地呼吸。

自然不仅能让你感觉清新，而且让你不会有任何意见或投诉。

——《人性的，太人性的》

368 看不到的奉献

人们相信奉献是一种高度的道德和可敬的行为，比如尊老爱幼，做事投入，乐于助人。然而生活在风险中，医生、护士、紧急护理队员都需要做出牺牲。

可是，别的工作难道不也是一种牺牲？也许他的工作与宗教无关，或没有直接帮助别人，但最终一步步地帮助他人，自我牺牲。农民、渔人、挑担的人、玩具工艺人都是。

认真做的工作，是看不见的奉献。

——《漂泊者及其影子》

369 伟大的工人

一个伟大的人能想到好主意，事实上，伟大的人都是伟大的工人。

因为在工作中，他们专注于选择、转换和调整，每一次都十分努力，一直坚持这种态度，不遗余力。唯一一点是其他人没有看到这些努力和汗水。

——《人性的，太人性的》

370　不要轻易否定别人

好的雇主很少当面拒绝或否定别人。因为他们有权力让好的土地结出更多果实。他们有一双会选择的眼睛，拥有做好选择的能力，知道肥料怎么用，而且还知道用什么。

——《漂泊者及典影子》

371　没有上帝，只有超人

在秋天，甜蜜的无花果从树上掉落，它们红色的表皮有了裂缝。我是让他们掉落的秋风。

我的朋友，这些思想，像果实一样向你们落下来，随意吸吮它们的汁液吧！这是一个晴朗的秋日下午。

看我周围多么丰富多彩！从土地看远处的大海，真令人兴奋。

过去，人们瞭望遥远的海洋，会交由上帝，但是现在我想交给你——超人。

上帝只是一个想象。然而，我希望你的猜测都没有超出你预见的。

你可以创造一个上帝，那么，请不要谈论神！但你能创造超人。

我的兄弟，创造超人的可能不是你，但你可以把自己变成超人的父亲或祖先——这是你最好的作品！

上帝一直是一个想象。

你所谓的世界，你来重整旗鼓。你的智力、外观、意志和爱，应该成为你自己的世界！这些都是为了你的幸福！

如果你没有这种希望，你和爱慕者应如何生活？你们无法存活在一个难以理解的或没有理性思考的世界中。

朋友们，我想吐露心声：如果真有上帝，我怎么能忍受自己不是神，因此上帝不存在。

是的，我做了这样一个结论，它指引着我。

——《查拉图斯特拉如是说》

372　纯熟的技巧

技能不只是熟练或经历过多次的状态，那它是什么状态呢？

首先，它是水无法渗透的。其次，它在实践中是毫不犹豫的，看似粗鲁，但事实上相当精确，没有多余。

——《曙光》

373　既知性又美丽

想找一个受过教育和美丽的人——你可以试着看到美丽的地方，只有一个特定的视角。换句话说，不要看一个人的所有方面。

有些人成长得完整。然而，从上面来看，那个人没有美丽到被称为一个极好的程度。

——《曙光》

374 爱是唯一的文化

事实上，我们可以感觉爱。

这种感觉会根据其程度的改变而改变。自古以来，人们一直在积累艺术上的感觉，由此引出了“文化”这种东西。

——《权力意志》

375 通往好事的道路

为了接近目的地，一切好的东西都需要绕道。

——《查拉图斯特拉如是说》

376 真正的自尊

测试你自己。不要公开，自己测试。

例如，在没有监督的地方过完整的生活；例如，在没有人看见的地方依旧用端庄的方式；例如，即使一个人也不撒谎。

当你克服挑战，重视自己，你会发现高尚的自我，发现真正的自尊。

这将给你一种强大的力量，你会给自己一个奖励。

——《善恶的彼岸》

377　福中有祸

对我而言，现在的一切都是美好的。我热爱每一种命运——有谁愿意像我的命一样？

阻止当今基督教徒把我们烧死的，并不是他们的博爱，而是他们没有办法去爱。

——《尼采文集》

378　善意的谎言

相比于恶意的谎言，善意的谎言更加不符合具有自由精神的人（“虔诚的知识分子”）的口味（“虔诚的信仰”）。因此，他们相对于教会严重缺乏判断力，这是“自由精神”的特征，也是不自由的表现。

——《尼采文集》

379　坚强的性格

坚强的表现之一就是一旦下定决心，即使面对最有说服力的反对意见，也会听而不闻。因此性格坚强有时也就意味着一意孤行，要做蠢事。

——《尼采文集》

380 道德现象

道德现象这种东西根本就不存在，有的只是对现象的道德解释。

——《尼采文集》

381 丑恶与至善

这就是我们所生活的伟大的时代——我们获得了把内在的丑恶重新命名为内心至善的勇气。

——《尼采文集》

382 克服感情

如果说某种意志克服了感情，那么它只能是另一种感情或另外若干种感情的意志。

——《尼采文集》

383 用新的眼光来看

假设艺术中所谓的美指的永远是幸福者的形象（我认为这是一个真理），那么这种美便会随着一个时代、一个民族、一个在自立法则下的伟大人物对幸福者想象的变化而变化，那么现代艺术家所谓的现实主义关于现代幸福的看法又究竟意味着什么呢？必然意味着现实主义不存在，才符合现代的欣赏眼光。因此，我们是否必须相信，今天的幸福就在于对现实主义尽量敏锐的感觉和准确的把握，因而并非在于真实性本身，而是在于对真实性的知识。科学的作用已经如此广泛而深入，以致本世纪的艺术家也不自觉地成为了科学“神圣性”的颂扬者！

——《尼采文集》

384 辩护

朴实无华的风景是为大画家而存在的，奇特罕见的风景则是为小画家而存在的。也就是说，自然和人类的伟大事物必然会为其崇拜者中渺小、平庸、虚荣之辈辩护，而伟人只为质朴的事物辩护。

——《尼采文集》

385 远看

甲：你为何孤独一人？

乙：我并没有和任何人生气，只不过我发觉当我独处时看我的朋友，比起与他们共处时更清楚、更美，而我最爱音乐、最被音乐感动的时候，正是我远离音乐之时。看来，我需要远看，以便更好地思考事物。

——《尼采文集》

386 一切好东西必须变得干燥

怎么？应当以一部作品所诞生时代的眼光来理解这部作品吗？然而，倘若不是这样理解它，会有更多乐趣、更多惊奇，学到更多东西！你们不曾注意到吗？每一部优秀的新作，只要它处在当时潮湿的空气里，它的价值就最小，——因为它如此严重地沾有市场、敌意、舆论以及今日与明日之间一切过眼烟云的气息。后来，它变干燥了，它的“时间性”消失了——这时它才获得自己内在的光辉和温馨，是的，此后它才有永恒的沉静目光。

——《尼采文集》

387　学习

米开朗基罗在拉斐尔身上看到功力，在自己身上看到自然：拉斐尔靠的是研习，他自己则是靠天赋。然而，这只是一种拙见，是出于对大师的敬畏之情才产生的。如果不是经历了过去——不论是我们父辈，还是更早的——学习、经验、练习、掌握、同化，天赋又是什么呢？况且，学习就是使自己有天赋——不过学习并非易事，不能光靠良好的愿望，必须善于学习。在艺术家身上，常有一种猜忌或骄矜，一旦遇到异己的因素，就立刻锋芒毕露，不由自主地从学习状态进入防御状态。拉斐尔和歌德一样，没有这种猜忌或骄矜，所以他们是伟大的学习者，而不仅仅是祖传矿藏的剥削者。拉斐尔是作为一个学习者逝去的，当时他正在把他伟大的对手称为“自然”的东西占为己有：他每天从中搬走一些，是最高贵的窃贼。但是在他把整个米开朗基罗转移到自己身上之前，他就死了——他的最后一批作品，作为一项新的学习计划的开端，不够完美，却仍然相当出色，正是因为这名伟大的学习者在他最艰难的作业中被死神打扰，把他所憧憬的本可达到的最终目标一起带走了。

——《尼采文集》

388 费心的工作

目前，对于想要研究道德问题的人来说，有一片广阔的天地将在眼前展开。无论是研究任何时期、任何个人（伟大的或渺小的），都必须单独分析所有的情欲，逐个追踪每一个人。一切人们对事物的理性态度、价值观念与诸般解释都必须是明明白白的！

迄今为止，所有“存在”在世界中的成员们都缺乏一个历史。爱的历史、贪婪的历史以及羡慕、良知、怜悯与残酷的历史是从哪里开始发源的呢？甚至就连法律的比较史也同刑罚的比较史一样缺失。是否有人曾经对把每一天区分为若干劳动、娱乐及休息等时间的一般观念做过探讨呢？我们是否已经了解了道德对营养的影响？是否存在着一种营养哲学（人们不断反复地大声呼吁赞成或反对素食主义，是否证明了还没有一种这样的哲学）？例如对于修道这种人类自治的生活方式是否有了经验的总结？有没有人宣布过婚姻与友谊的辩证法？对于日常的生活习惯，商人、学者、艺术家和工人，他们之中有没有人去思考过？太多事情使我们伤脑筋！

对于许多事情，人们只是把它们直接当做人类生活“已经存在”的一部分而已，导致这种看法的理性、情欲及习惯等因素，他们是否又去一探究竟？在分别研究人类的各种领域中，关于人类的刺激方面已有所收获，而且仍有进展。根据不同的道德趋势，那些最为呕心沥血的人将会获得最大的成就，这是整个时代以及有系统地合作的世代学者们所需要的，因为他们可以将已完成的资料和观点进行再次深入研究。理性对不同的道德趋势所作的决断同样是真实的（有什么理由使这个基本道德判断的最高价值之光照在这里，同时又照在那里）。

现在又有了一个新的工作，就是指出所有这些理性的错误，并对迄今为止整个道德判断的本质做出决断。如果要完成这些工作，就要把对一切问题的绝大部分批判放在最前面的地位（不管科学是否处在一个完成人类行为目标的立场，而在它证明了它能将那些批判废止），接着便是一连串的实验过程，而在这个过程中，每种英雄行为自身都得到了满足。一个历经几世纪的实验常常被放置在先前那些伟大的工作与奉献历史中的不显眼处。

迄今为止，科学仍然没有建立起它巨大的框架，不过那个时刻终有一天会到来。

——《尼采文集》

Part - ⑬

让幸福闪光——曙光的升起

无论如何，已被生命选中的人，都有义务为自己的存在而超越自我。强力的意志在每个人的心中，幸福的曙光就在明天的朝霞中。解放自己的内心，张开迎接幸福曙光的手臂，你的人生一定别有一番意义。

389 感同身受

所谓的以同样的方式去了解别人，就是在我们内心模仿其他人的感情，它只是我们常常探求一种情绪的原因，如我们好奇：为什么他会悲伤？基于这个理由，让自己也成为伤心的人。但更多的时候并非如此，而是根据他人发生、表现的效果，唤起我们心中的情绪。我们在学习他人的眼神、声音、步态和姿势（或者甚至模仿他们的文字、图形、乐曲等）的创作方式（至少有类似别人的躯体和思想活动）。

——《尼采文集》

390 天生的本领

在我们的心中会有一种标志性的体会，当我们的行动和感觉是从开始到结束进行推论并从结束到开始进行训练时，可以产生一种类似的情绪。

在这种理解他人情绪的技巧上，在所有的生活里我们有伟大的成就。只要你和别人交流，总是自发地去提高这样的能力。女性的面部表情更是这样，她们无时无刻不在效仿和体现周围的一切，也许浑身发抖，也许激动万分。

——《尼采文集》

391 音乐的疯狂

音乐大多数时候更是如此，我们在音乐方面大多都能快速而详细地了解情绪并感同身受。如果音乐是情感的影子，虽然遥远不清晰，但音乐仍然经常能够让人们感受到各种情感，使我们没有明显的原因却感到难过，像一个傻子。

仅仅是因为人们听到了旋律，在某种程度上暗示我们一些悲哀的声音和动作，或唤起我们对曾经的声音和行动的回忆。

有一个丹麦的国王，一个乐师的曲子让他沉浸在激情和战争中，国王跳起来杀害了宫殿里的五位大臣。当时，没有战争，没有敌人，更没有和他对立的人，但音乐的力量让他如此疯狂，甚至让他忘了眼前的人，失去了理性。

它完全是乐曲的效果，不需要这么夸张的例子就可以知道音乐能让我们产生怎样的情绪状态，甚至可以与我们视线所及的实际情况相反，这是实际和理性冲突的原因。

——《尼采文集》

392 胆小的人类

如果要问，我们为什么会如此熟练地模仿别人的情绪，答案毫无疑问。人是上帝创造的最胆小的生物，因为他是精致而脆弱的，他的胆小教会他以同样的方式生存，能够很快地就意识到人和其他动物爱恨分明的地方。

——《尼采文集》

393 一目了然的危险

在漫长的几千年中，人们在他所面对的事物中意识到了一件危险的事情。人们是那么一目了然，立即在心中形成一个身形和容貌俱全的图像，确信把一些心怀不轨的想法藏在后面。

——《尼采文集》

394 快感的本源

所有的动作和线条都有目的，人们往往这样认为。幻觉是在所有人们以为没有生命的东西上产生。人们相信一切情感都来源于自然，比如天空、森林、石头、沙滩、草地、风暴、星星、大海等。

除了上古时代，没有人能领悟和感觉到背后隐藏的一切。否则我们就没有快感，对自然、人与动物的快感。

愉悦、欢乐和滑稽的感觉都是相似感觉的来源，和恐惧分不开。因此，它有着快速伪装的能力，在骄傲自大的人面前削弱了自己的身体，因为他们很少有这种情绪。

——《尼采文集》

395 虚浮的人

人们把死人唤醒，不切实际的人能够共振于一段过去了的时间（尤其在不情愿时），然后更高地估计它的价值，甚至要努力让它复活。但是，虚浮的人总是众多，只要它们组成了一个时代，历史研究的风险实际上是没有琐碎的小事，浪费太多的力量去做一切可能的事来唤醒死者。这个观点，也许最能代表浪漫主义运动的整个观点。

——《尼采文集》

396 时代感

我们的雕塑家、画家、音乐家要始终拥有时代感。他们的美是浮肿的、巨大的、神经的，美不是一成不变的。希腊把美看作基于公共道德而形成的贝尔维迪尔的阿波罗。我们应该叫它丑陋，而天真的古典学家让这样的我们失去所有的诚实。

——《尼采文集》

397 希腊建筑和音乐

现代的亚洲或欧洲和希腊相比，正逐渐腐败，并以此为荣，尽管我们都不了解希腊。相反，如果人们了解裴斯顿、庞贝、雅典和所有希腊的建筑，会为希腊擅长用几乎为零的东西来表达一些高质量的东西而惊讶。

同时，在希腊，人们的想法是多么简单。我们人类的知识远超过他们，但是，与他们相比，我们的精神和思想像座迷宫一般。如果我们愿意，就会按照我们的思想建立一座建筑。人们在音乐中，可以做任何他们想要做的事情，并且认为没有人能通过他们的音乐看清真相。

——《尼采文集》

398 另一种情趣

一种不同的情趣，我们的无稽之谈与希腊人无关。我们对他们的艺术知之甚少，那种艺术的灵魂是热爱男性的裸体美。因为这样，他们才觉得女性是美的。因此，他们对女性之美有一种独特的视觉。女人的爱，也是另一种方式的爱和藐视。

——《尼采文集》

399 魔鬼的力量

悲剧和音乐很难打动精神饱满的男人，如埃斯库罗斯时代的希腊人。一旦同情战胜强大的时候，就会像遭受了令人头晕目眩的“魔鬼的力量”的攻击而感觉很不自由，因为宗教的恐惧而兴奋。然后，他们产生怀疑。只要每天在其所处环境中，那味道对他就是兴奋和喜悦，同时也夹杂着痛苦：这是一种适合战士的饮料，一种罕见而且危险的、光荣而且艰巨的力量，这是很难享受的。

——《尼采文集》

400 悲剧的危害

悲剧就是给每个同情的灵魂、每个咄咄逼人的灵魂这样一种感觉。灵魂是很难统一的，不管盲目恐惧或怜悯，都能让这个灵魂变得柔软。相反，对于那些遵循相同倾向、同情悲剧的人，又有什么！柏拉图时代，雅典变得更温和、更敏感！大城市的居民在遥远的地方仍在感伤！哲学家指责悲剧的害处。

——《尼采文集》

401 音乐的时代

这种危险刚开始的时候，勇敢和男子气概的价值得到改善，这一次会让灵魂逐步雄厚，所以急需悲剧诗人。悲剧诗人有一些额外的多余——这是用最温柔的声音说的。然后，对于音乐，良好的时间（肯定也是更邪恶的时间）可能又来了。那个时候，艺术家们的音乐致力于特立独行、内心强大，以极其庄严的真正的激情控制人类。但是，对于那些过于活跃、人格不够完整的、好奇的小灵魂来说，时间不断流走，音乐又算什么！

——《尼采文集》

402　学会沉默

世界政治大都市中的三寸不烂之舌，年轻的天才，求名的家伙，认为总会有一些事情发生——毕竟评论就是你的责任！你是如此的喧哗，似乎已经成为一个历史性的机车！你总是打听，总想找机会多说话，但是失去所有创新的能力。不管你希望有多么伟大的作品，思想的育种永远不会降临到你身上，你不禁意味深长地沉默。日常事务让你像被风吹过的碎秸一样，你又必须在日常事务中生存——你凭借三寸不烂之舌而存在！如果一个人想在舞台上扮演主要角色，不应合唱，甚至无须知道如何唱歌。

——《尼采文集》

403　爱的音乐

完美的幸福和爱需要信任，这种幸福不但属于深度怀疑的恶人、郁郁寡欢的人，还可以属于其他人。他们享受灵魂中那不寻常又颇为可信的例外！有一天，无边无际的梦幻般的感觉涌过来，展示给他们或黑暗或光明的生活——就像一种诱人的神秘与奇迹，光芒万丈，超越所有文字和图像。绝对的信任是沉默，在这快乐中默默藏着痛苦和沉重。因此，这快乐往往比其他灵魂和沮丧的音乐更容易令人激动，因为通过音乐，通过颜色，通过看和听，他们的爱似乎更遥远，令人心旷神怡，音乐是使他们能看到自己情况的唯一方法，通过一个遥远而舒缓的效果更好地看见或听见。情人在听音乐的时候，他们认为：“是我，而不是我，这是一切！”

——《尼采文集》

404 良善之美

德国人想依赖艺术家实现激情的梦想，意大利人也想摆脱真正的激情来缓解自身，法国想要取得证明判断的契机，想有机会发表意见。那么，我们太低贱了吧！如艺术家主宰自己的缺点——我们有弱点，并且必须承认弱点在控制我们。所以，我想每个人都有一点技能，善于用自己的优点掩饰劣势。伟大的音乐家都很厉害，贝多芬的音乐常常是粗鲁、不耐烦的；莫扎特在那里是一个诚实的人，必为精神和智慧蔑视；瓦格纳有一种强烈的湍流，使任何人失去好脾气，他又找到了原来的力量。他们借用了自己的弱点，让别人渴望他们的优点，更敏感地用灵性品尝每一首奏鸣曲的善良之美。

——《尼采文集》

405　危险也是灵感的源泉

一个拥有诗歌气韵的人的优势和危险都是他丰富想法的源泉。他们会预知可将要发生的事情，并设想自己经历了哪些，最后等到这件事真的发生时，他们才意识到自己已经累了。对此有相当品位的拜伦在他的日记里写道："如果我有个儿子，他应成为一个拥有散文气质的人，例如一个法律工作者或者一个海盗。"

——《尼采文集》

406　抛弃自己的目的性

有时野蛮的障碍和无意识的冲动与崇高和性冲动的目的是天才身体里的一对生理矛盾。一旦他照镜子，镜子会表明，这两种动力共存，交织在一起，但它们往往又是相互矛盾的。如此看来，他往往没那么幸运，即使在他最舒适的创意源源不断时也是这样。

——《尼采文集》

407 情感的高潮是宏伟

一个艺术家如果不在创造中发泄情感以此轻松下来，而是直接表达情感的高潮，那么他是宏伟的，他的风格也是宏伟的。

——《尼采文集》

408 艺术是延续祖先的骄傲

洛可可式园林艺术带有这样的情绪：自然是丑陋的、残酷的、单调的——让我们去美化它！同样的，关于哲学的这种情绪源自科学是丑陋的、枯燥的、冰冷坚硬的、过度官僚的——允许我们去美化它！

哲学与所有的艺术和诗歌正在寻求娱乐。然而，它的寻求延续着其祖先的骄傲以达到更崇高的境界并超然地面对智者的选择。他们做了一个园林艺术，比如对“世俗”而言，它的主要吸引力在于一种视觉技巧（例如，通过场馆、视觉、假山、弯曲路径、瀑布），删除特定的科学内涵伴随着各种不确定性、非理性和幻想，人们在其中感受它的原始自然，这样它就可以不感到艰难和单调而悠闲地漫步。

——《尼采文集》

409 令人惊讶的并不是美

美的边界——你正在寻找一个美丽的受过教育的人，你应该寻找美丽的风景来满足视力和远见。眼前毫无疑问挤满了人，他们会像完整的场景一样有教育意义，令人惊讶但不是美。

——《尼采文集》

410 幸福的色彩

艺术家不能画出现实天空的那种深度和明亮的色彩，他不得不使用比自然色调低一些的色调油漆，通过这样的技术，他再次达到现实光泽以及那些对应于自然色彩和谐的音调。同样的，不能显示幸福光泽的诗人和哲学家必须知道如何补救，他们应该使所有事物的颜色表现出比实际暗淡一些的颜色。所以，他们用光接近太阳，像一束幸福快乐的光。

——《尼采文集》

411 朝霞

凤凰拿出一卷烧焦的东西给诗人看，它说：“不要害怕，这是你的作品！它既没有时代精神，也没有反时代精神，因此，它必须被烧掉。不过这应该是一个好兆头，它就像朝霞一样。”

——《尼采文集》

412 只爱一个人是野蛮的行为

只爱一个人，是野蛮的行为，因为它将牺牲所有其他人。只爱上帝，也是这样！

——《尼采文集》

413 伟人是怎样炼成的

成为伟人的决定因素，不在于高尚的情感有多么强烈，而在于高尚的情感能持续多久。

实现理想的人，也超越了理想。

许多孔雀会把尾巴藏起来，不让人们看——这就是孔雀的矜持。

具有才能的人，如果丝毫没有感恩和纯洁，就会令人无法忍受。

一个人的本性及其好色的程度，往往会延伸至他精神的终点。

在和平的环境中，好斗者能做的只有自己打自己。

——《尼采文集》

414 不懂得尊重自己的人会在大海里渴死

一个人在本性的驱使下，可能会试图控制自己的习惯，也有可能竭力为自己的习惯辩护，或是尊重、责备、掩饰自己的习惯。因此，两个人本性相同，目标却有可能完全不同。

妄自菲薄的人，却会因此作为菲薄者来尊重自己。

当一个人知道自己不爱的人爱自己时，缺点便会暴露出来，并愈演愈烈。

当一件事情得到了解释，也就与我们无关了。上帝劝诫我们："认识你自己！"这究竟是什么意思？意思也许是，"别再以自我为中心了！要客观而不带偏见地看待自己！"

在大海上渴死是一件很可怕的事。当真理的价值被过分吹嘘，真理就不再解渴了，何必呢？

——《尼采文集》

415 男人的成熟来源于儿时的严肃

当一个人将自己的心灵紧紧束缚住之后，会任凭思想自由地遨游。我以前曾说过这一点，但是除非有亲身的体验，否则没有人相信。

当富有智慧的人不知所措时，人们便开始收回他们的信任。

可怕的经历向我们提出这样一个问题：有这种经历的人是不

是可怕的？

满腹心事、闷闷不乐之人，偏偏会为了使他人心情沉重的东西——恨与爱，而心情稍微有所缓和，脸上暂时有些表情。

如此冷淡、如此冰冷，可一触碰到他就会吃苦头！每一只触碰到他的手，都会“嗖”地缩回来！正因为这样，许多人认为他是炽热的。

谁不曾为了好名声而委屈过自己？

当男人和蔼谦恭时，他就一点也不招人恨，可是正因为如此，他太叫人瞧不起了。

当男人重新找回了儿时玩耍时那种一本正经劲儿时，就意味着他成熟了。

——《尼采文集》

416 训练自己的良心

当你对自己的不道德感到羞愧时，你便迈上了更高一级梯子；而当你登上梯子的顶端时，你会对自己的道德也感到羞愧。

告别人生应当像俄底修斯告别瑙西卡那样——留下的是祝福，而不是留恋。

什么？伟人？我只看到努力实现自己理想的演员。

当我们训练自己的良心时，既会得到它的吻，也会被它咬伤。

——《尼采文集》

417　挑剔是上帝送给你的礼物

失望者说：“我等待着人们的评价，可却只听到了赞美。”

人人都装出一副老实巴交的样子，于是大家都对朋友放松了警惕。

当下眼光最为敏锐的人，很可能认为自己在赋予上帝动物的属性。

当一个情网中的人发现人们在互相喜爱，很可能会从此走出情网。“什么？她那样的淑女，竟然会爱上你？瞎了眼了？那么……那么……”

——《尼采文集》

418　赞扬让你的精神更空虚

一些人根本不知道什么是赞美的话。如果一个人不会想到有一天被赞扬，他就不会知道什么是赞扬。

我们太讨厌甚至忘了把自己弄干净——忘了辩护。

感官爱情，这往往迫使感情增长太快，但导致根基不强，它很容易被连根拔起。

奇怪的是，上帝想成为一个作家时学习了希腊语可惜学得不好。

受到称赞，很高兴地发现，在许多情况下只是一种礼貌——相反，它只能带来精神空虚。

——《尼采文集》

419 平凡的艺术家不平凡

一个人为自己的思想寻找接生婆，而另一个人则寻找其他人的帮忙，由此产生的交谈便是有益的。

与学者和艺术家打交道，人们很容易产生与实际情况相反的误解——一个优秀的学者被认为是个平庸的人，而一个平庸的艺术家却被看作非常杰出的人。

我们在梦中和清醒时，所做的都是同一件事情：虚构想象出与我们交往的人——然后立即忘掉。

——《尼采文集》

420 咬断你的绳子

这条谜语用来劝告人们——“如果绳子不断，那就用牙咬，一定没错！”

为了填饱肚子，人很难把自己看作上帝。

这是我所听过最纯洁的话——“在真正的爱情中，肉体是裹在灵魂里的。”

我们的虚荣心希望我们竭尽全力地成为我们最难以成为的那种人，这关系到多种道德体系的起源。

——《尼采文集》

421 挖苦是健康的标志

围绕着英雄，一切皆成为了悲剧；围绕着半人半神，一切都成为了滑稽剧；那么围绕着上帝，一切又变成了什么呢？或许就是“世界”吧？

拥有一种才能还不行，必须得到你们的批准，才能拥有这种才能——对吗，朋友们？“知识之树在哪里生根，天堂就在哪里等待我们。”最老的和最小的毒蛇都是这样说的。

出于爱所做的事情，永远无关善恶。

不喜欢、躲避、愉快地表示不相信、喜欢讽刺挖苦，这都是健康的标志，因为一切不受任何限制的事物都纯属有病。

悲剧感的大小与感官的敏感程度成正比。

——《尼采文集》

422 疯狂是属于少数人的

疯狂发生在一个人身上的情况不多见，但发生在集团、政党、国家和时代的身上却屡见不鲜。

不仅我们的理性会屈从于我们最强烈的冲动——这个内心深处的暴君，我们的良知也会。

善有善报，恶有恶报，这是天经地义的。但是这为何是天经地义的呢？

——《尼采文集》

423 浪漫隐藏的高尚品质

当人把知识传授给他人以后，就不那么热爱知识了。

诗人对于自己的经历总是表现得很无耻——肆无忌惮地利用着。

“我们的邻国人不是我们的同类，我们邻国人的邻国人才是。”——每个国家都这么认为。

爱情将人们潜在的高尚品质暴露出来，因为它很容易使人对一般品质产生误解。

耶稣对犹太人说：“法律是为仆役制定的——请像我一样爱上帝，就像上帝是你的父亲一样！但我们这些上帝之子们，又应该如何对待道德？”

——《尼采文集》

424 活力是最宝贵的东西

在各个党派看来，牧羊人总是需要一个领导人管束它，或者他不得不充当一个领导者。

虽然口中胡说八道，但是事实上他脸上不自然的表情会揭示真相。

充满活力的人为有情人而感到羞愧——这是宝贵的东西。

基督教给厄洛斯毒酒，但厄洛斯喝了那杯毒酒没死。

——《尼采文集》

425 赞扬比责备更具有压迫性

喋喋不休地谈论自己，也可能是对自己的一种掩饰。

赞扬是一种远比责备更强加于人的东西。

怜悯对知识分子的作用是荒唐而可笑的，就像一只温柔的手抚摸上了一个独眼巨人的头。

有时候，一个人之所以拥抱某个人是出于对全人类的爱（因为他无法拥抱全人类），但这一点绝不应该让被拥抱的人知道。

人们不会憎恨被自己轻视的人，只会憎恨地位与自己相当、或高于自己的人。

——《尼采文集》

426 异样的虚荣心

你们这些功利主义者啊——虽然你们也觉得汽车的噪音让人难以忍受，但是如果汽车对你们有用，你们就喜欢汽车。

人们真正喜爱的不是自己想要的东西，而是自己的欲望。

别人的虚荣心只有在和我们的虚荣心发生矛盾时，才变得惹人讨厌。

至于什么是“诚实”，或许迄今为止还没有人足够诚实。

人们不能接受聪明人做蠢事——人的权利竟然丧失到这个地步了!

人们只会将我们所作所为的后果一股脑儿地扣在我们的头上，而根本不关心我们是否已经“改过自新”。

——《尼采文集》

427　傲慢的亲切

一个人在遭受苦难时祈求神赐福给他是没有人性的。

与上司来往密切会让人有苦说不出，因为可能会吃力不讨好。

“我难受不是因为你欺骗了我，而是我再也不能相信你了。”

亲切有时也透着傲慢，让人感觉不舒服。

“我不喜欢他”——为什么——“因为他比我强”，有谁这样回答过吗？

——《尼采文集》